Margaret Collier-Bendelow

Gott ist unsere Mutter

Margaret Collier-Bendelow

GOTT IST UNSERE MUTTER

Die Offenbarung der Juliana von Norwich

Aus dem Englischen
von Maria-Sybille Bienentreu

Herder

Freiburg · Basel · Wien

Reihe *frauenforum*
herausgegeben von Karin Walter

Umschlaggraphik: Claudia Huber-Eustachi

Herstellung: Freiburger Graphische Betriebe 1989
ISBN 3-451-21030-4

Inhalt

Einführung

Die Vorstellung von der Mütterlichkeit Gottes ist in der
Geschichte des christlichen Nachdenkens über Gott keineswegs neu. In der westlichen Theologie aber ist das, was die
englische Mystikerin und Visionärin Juliana von Norwich
zu diesem Thema sagt, einzigartig. Denn für sie ist die Idee
von der Mütterlichkeit Gottes nicht eine fromme Meta-
pher. Gott ist für sie nicht nur *wie* eine Mutter, sondern
seine Mütterlichkeit wurzelt in der Natur Gottes selbst:
eine Mutter ist also Gott nachgebildet. Gott wäre demnach
nicht nach dem Bild des Menschen gestaltet, sondern eine
Mutter nach dem Bild Gottes. Im Verlauf der jüdisch-christlichen Geschichte sind Gottesbilder immer wieder festge-
legt, verzerrt und mißbraucht worden. Und wir stehen
immer in der Gefahr zu vergessen, daß dieser Gott tran-
szendent, der ‚ganz Andere' ist! Heute fragen manche, ob
wir uns überhaupt noch eine Vorstellung von Gott machen
sollen. Für manche Christen spielt gegenwärtig die Beschäftigung mit dem Zen eine wichtige Rolle bei der Wiederent-
deckung des kontemplativen und mystischen Strangs in der
eigenen Tradition. Viele, die ein wirkliches inneres Leben
suchen, wollen sich von Dunkelheit und Leere aufnehmen
lassen, von einer ‚Wolke des Nicht-Wissens', in der alle Bilder verschwinden.

Wenn wir Gott aber ganz von den Eigenschaften, die unserer menschlichen Erfahrung zugänglich sind, lösen, bleibt
das Absolute für uns ein Nichts ohne jeden Inhalt. In der
jüdisch-christlichen Tradition gab es stets Raum für ver-

schiedene Gottesbilder für positiv und negativ formulierte. Martin Buber hat das klassisch ausgedrückt: „Dies bist Du; und dies bist nicht Du." Die großen christlichen Mystiker und Mystikerinnen haben Bilder für den Rahmen des christlichen Lebens niemals abgelehnt – wie hätten sie das auch tun können? Mystische Erfahrung lebt ja gerade aus den Symbolen der Schrift und hat an einer bilderreichen Liturgie teil. Wenn auch das Allerheiligste im Innern des Tempels ‚leer' ist, so singen wir doch auf dem Weg zu ihm die Wallfahrtslieder, folgen dem Hirten, rufen den König aus, ehren den Vater, ja, und suchen auch Trost an der Brust der Mutter.

C. G. Jung hat für die Menschen unserer Zeit die Existenz der Archetypen, die die Struktur der menschlichen Seele bestimmen, wiederentdeckt und damit die Bedeutung und Wichtigkeit von Bildern neu betont. Die Bilder, in denen diese Archetypen sich manifestieren, erwachsen aus der Psyche, werden nach außen projiziert und kehren wieder in uns zurück, haben Macht über uns. Die Idee einer Offenbarung im christlichen Sinn ist damit nicht ausgeschlossen. Im Gespräch mit Theologen betonte Jung stets, daß er als empirischer Wissenschaftler und Arzt nur zeige, wie seiner Beobachtung nach die Psyche arbeitet. In dieser Rolle enthielt er sich der Meinung darüber, ob nun ein ‚Gott' hinter der so strukturierten Psyche, an ihr oder durch sie wirke. Er selber formuliert dies so: „Wenn ich nun der Ansicht bin, daß alle Aussagen über Gott *in erster Linie* aus der Seele hervorgehen und daher vom metaphysischen Wesen unterschieden werden müssen, so ist damit weder Gott geleugnet noch der Mensch an Stelle Gottes gesetzt." [1]

Und weiter heißt es bei Jung: „Die revelatio ist eine Eröffnung der menschlichen Seelentiefe in allererster Linie, eine ‚Offenbarung', also zunächst ein psychologischer Modus, womit bekanntlich nichts ausgemacht ist darüber, *was sie sonst noch sein könnte. Letzteres liegt jenseits der Wissenschaft.*" [2] Er besteht darauf, daß dieses ‚sein könnte' in den außerwissenschaftlichen Bereich verweist, und zitiert dazu Georg Koepgen: „So ist die Trinität nicht nur eine Offenbarung Gottes, sondern zugleich auch des Menschen." [3]

William Johnston bezieht sich in einer Erörterung des christlich-buddhistischen Dialogs auf Paulus, der von der „Herrlichkeit Gottes im Antlitz Jesu" spricht. Er formuliert dann eine Frage, die auch für unsere Untersuchung wichtig ist: „Und glauben wir kleinen westlichen Menschen, daß wir die ganze Herrlichkeit gesehen haben? Haben wir all diese Schönheit ausgeschöpft? Meinen wir, alle Weisheit erforscht zu haben? Wir sind weit davon entfernt. [4]

Auch aus der östlichen oder westlichen Tradition können vielleicht neue Einsichten kommen, die den unerschöpflichen Reichtum Christi verdeutlichen. Johnston drückt dies aus, wenn er fortfährt: „Im Antlitz Jesu bleiben eine Unzahl von Konturen unerforscht."

Dieses Buch nun handelt vom Versuch einer solchen Erforschung. Sie wurde durch eine im Herzen unserer westlichen Kirche verborgene Mystikerin des 14. Jahrhunderts angestoßen. Erforscht wird ein Bild, das einmal im Zentrum der Frömmigkeit seinen Platz hatte und dann – fast – verlorenging in einer vom Gesetzesdenken geprägten und von Männern beherrschten Kirche. Wie die Stellung der Frau in vorpatriarchalischen Kulturen, in denen weibliche Gottheiten einen hohen Rang hatten, genau gewesen ist, mag schwer festzustellen sein. Sicher hingegen wissen wir dies, und zwar aus den Erfahrungen unserer Zeit: Eine menschliche Gesellschaft mit einem *ausschließlich* männlichen Gottesbild schätzt den Mann und als typisch männlich geltende Eigenschaften höher als die Frau und das, was sie als wertvoll ansieht. Eine solche Gesellschaft beruft sich auf einen männlich verstandenen ‚Gott' und rechtfertigt so die sorgfältig gehütete Dominanz männlicher Werte und eine entsprechend geprägte Sozialstruktur.

Die offensichtliche Unfähigkeit eines solchermaßen vorgestellten ‚Gottes', uns in unserer Zeit aus Zerrissenheit und nahezu unüberwindbaren Schwierigkeiten zu erlösen, hat manche dazu geführt, ihn ganz für tot zu erklären. Doch ist er es wirklich? Ist vielleicht nur unser Bild von Gott gestorben, weil es zu einseitig war?

Wie ist die Lehre Julianas in diesem Zusammenhang einzuordnen? Welche Antwort hat sie für unsere Sehnsucht nach einem überzeugenden Gottesbild? Was hat sie dem ‚modernen Menschen auf der Suche nach seiner Seele' zu sagen?

Juliana benutzte die in ihrer Zeit geläufigen theologischen Vorstellungen, um die in ihren Visionen enthaltenen Schätze zu untersuchen und zu vermitteln. Manchmal erscheinen uns vielleicht ihre Sprache und das dazugehörige Gedankensystem seltsam und fern, und manchmal sogar überhaupt nicht hilfreich. Wenn aber, wie ich glaube, der Kern ihrer Mitteilungen noch immer bedeutsam ist, dann führt es uns weiter, wenn wir diese Mitteilungen mit den Perspektiven und Einsichten der Gegenwart in Verbindung bringen.

Menschliche Gotteserfahrung ist ihrem Wesen nach nicht zu beschreiben. Man kann ihr in menschlicher Sprache nur annähernd Ausdruck verleihen. Und es ist immer ein Ausdruck, der durch die menschliche Psyche gefiltert ist. Er ist wie die Psyche selbst bestimmt durch Zeit und Raum, durch eine ganze Kultur – und durch das Geschlecht. Gotteserfahrung hat im Judentum wie im Christentum fast ausschließlich in einer patriarchalischen Kultur, die nur Männer über Gott sprechen ließ, ihren Ort gehabt und ihren Ausdruck gefunden. Nicht nur die Entwicklung des jüdisch-christlichen Sprechens über Gott, der

Theologie, sondern deren Wurzeln selbst, also die hebräische Bibel, und für die Christen auch das Neue Testament sind, in menschlichen Dimensionen gesehen, Produkte einer Kultur, in der der Mann dominiert.

Heutzutage kann man in keinem Bereich der Philosophie und Wissenschaft (auch nicht den Naturwissenschaften) die Illusion der reinen Objektivität aufrechterhalten. Die beobachtende Person gehört immer mit zum Prozeß des Beobachtens. Der Beobachter „sieht, was er sehen will". Er gibt dem Geschauten eine je eigene Färbung. Das gilt für die Theologie ebenso wie für andere geistige Disziplinen. Die Menschlichkeit Jesu, des „Wortes Gottes", die in der Theologie lange vernachlässigt wurde, wird heute immer mehr in ihren Konsequenzen verstanden. Sein persönliches menschliches Reifen, auch seine Fähigkeit, durch Fehler zu lernen, wird erkannt. Gleichzeitig sieht man deutlicher, daß das *schriftlich* niedergelegte ‚Wort Gottes', die Bibel, ebenfalls Menschenwort, und zwar hauptsächlich Männerwort, also androzentrisch ist. Wir kehren hiermit zu Jungs Behauptung zurück, wonach Aussagen über Gott zunächst aus der menschlichen Seele hervorgehen.

Aus dem ersten Schöpfungsbericht der Bibel geht ganz eindeutig hervor, daß Gott den Menschen nach seinem Bild erschuf: „als Mann und Frau erschuf er sie" (Gen 1,27). Unvoreingenommen gelesen, bedeutet dieses „sie" zweifelsohne, daß dieses Ebenbild in beiden Geschlechtern erkennbar ist und daß die Frau zusammen mit dem Mann, jedoch in eigener, weiblicher Würde, nach Gottes Bild erschaffen ist. Tatsächlich aber haben männliche Theologen in diesem Text nur – oder doch hauptsächlich – ihr eigenes Geschlecht entdeckt. Wäre das nicht so gewesen, warum sorgt dann die Vorstellung von Gott als Frau, als Mutter in heutigen Diskussionen noch für solche Erschütterung?

Inzwischen wenden sich immer mehr Frauen der Theologie zu. Zu Anfang fanden sie das Feld dieser Wissenschaft ganz in seiner traditionellen Gestalt. Nachdem sie sich dieser Tradition zunächst unterworfen hatten, wurden sie sich allmählich deren Androzentrik bewußt und erkannten die Begrenztheiten dieser Tradition. In ihr kann oft nicht genau ausgedrückt werden, was sie als Frauen und Theologinnen im religiösen Bereich erfahren und erkennen. Hier kann nur ein sehr kurzer Überblick über die für unsere Fragestellung interessanten Theologinnen und Exegetinnen gegeben werden.

Da ist zunächst festzustellen, daß im Alten Testament genügend Hinweise auf die Mütterlichkeit Gottes zu finden sind. Nicht nur die hinreichend bekannten, wenn auch in Predigt und Kommentierung viel zuwenig behandelten, Abschnitte Jesaja 46, 3 und 49, 15 werden mit neuen Augen gesehen, sondern auch andere Passagen. In Hosea 11 wird uns z. B. gezeigt, daß Gott für Israel wie für ein Kleinkind sorgt: „Ich habe Efraim gehen gelehrt, habe es auf meine Arme genommen. Mit Banden der Güte zog ich sie, mit Seilen der Liebe." War dies in Israel etwa die Aufgabe eines Vaters? Und wenn dies zuträfe, wie könnte man dann die folgenden Zeilen deuten: „Ich war wie jemand, der einen Säugling an seine Wange hebt. Ich beugte mich zu ihm und gab ihm zu essen"? In diesem Zusammenhang wird es nicht klar, wieso man sich „beugt" und gleichzeitig den Säugling „hebt", um ihn zu füttern (und womit?). Es mußte eine Exegetin das Offensichtliche zeigen: daß wir es hier mit dem Bild einer *Frau* zu tun haben, die ihr Kind aufnimmt, sich über es beugt und ihm die Brust gibt. [5]

Wenden wir uns den Evangelien zu, so stellen neuere Studien heraus, wie natürlich und unbefangen die Beziehung Jesu zu Frauen gewesen ist, wie erstaunlich frei von den vorherrschenden Normen seiner Zeit und Kultur er war. Mit den Begriffen der Tiefenpsychologie gesprochen, liegt dies in Jesu eigener Anima-Integration und psychischer Ganzheit begründet. Inzwischen wird alles, was in der Lehre Jesu die dem traditionell weiblichen Bereich zugeordneten Werte widerspiegelt, hervorgehoben: So die Gewaltlosigkeit, die Jesus predigte und lebte – bis hin zu seinem Opfer, seiner Kreuzigung. Heute trifft sie den Nerv des christlichen Gewissens neu. Frauen haben auch die Frage gestellt, warum das Bekenntnis der Marta zu Christus (Joh 11,27) bisher so wenig, das des Petrus aber so viel gezählt hat. Und warum wurde im Gegensatz zur „Sendung der Zwölf" eigentlich so lange ignoriert, daß der auferstandene Herr Frauen zu ersten Zeugen seiner Auferstehung wählte?

Unter Theologinnen gibt es jedoch auch manche Spannungen und unterschiedliche Positionen. Einige von ihnen haben sich bereits dem ‚nachchristlichen' Lager angeschlossen. Sie sind dazu wohl auch durch das Ausmaß getrieben worden, mit dem das Christentum in seiner historischen Verkörperung männliche Herrschaft und die Unterbewertung der Frau unterstützt hat, so als sei all dies gottgewollt. Sie suchen nun „Jenseits von Gottvater, Sohn und Co." (Mary Daly) nach einer weiblichen Gottheit, die sie anbeten können, und scheinen diese in einer idealisierten Naturgöttin zu finden – aber das ist kaum eine Gottheit, welche die so hochgeschätzte persönliche Autonomie und ihr hochentwickeltes Selbstbewußtsein zu schützen in der Lage ist! Angesichts mancher Schriften und Versammlungen feministischer Theologinnen, die diese Auffassung vertreten, fragt man sich, was bloß dem ‚theos' zugestoßen sein mag. Er scheint entthront und ersetzt durch ein anderes Absolutum, das nun ‚weibliche Erfahrung' genannt wird, so als wäre diese nicht auch immer etwas Relatives, Fremdbestimmtes und je Unterschiedliches. Die englische Autorin Angela West erkennt die dahinterliegende Ambivalenz genau, wenn sie sagt, daß der Gott des Patriarchats „in keiner

Weise abgeneigt ist, sich als Göttin zu verkleiden". Narziß-
mus, so warnt sie, sei „der Weg zum Untergang"[6].

Bei allem schmerzlichen Wissen um das Ausmaß, in dem
die ursprüngliche christliche Botschaft fast von ihren Ur-
sprüngen an verdunkelt wurde, sollten wir doch solche
Sackgassen vermeiden – mitsamt den manchmal verspon-
nenen Ideen gebildeter westlicher Frauen. Wohin aber, an
wen sollen wir uns wenden? Die Antwort liegt für die meisten christlichen Frauen und Theologinnen noch immer
bei jenem Jesus, der Worte des ewigen Lebens hat, der das
ausdrückliche Bild des Vaters, aber auch der Mutter ist.

Wir kennen keine andere Welt als die patriarchalische.
Deren größtes Opfer, das durch sie verspottet und gegeißelt
wurde und unter ihr blutete und starb, sagt uns: „Seid
standhaft, ich habe die Welt besiegt" (Joh 16, 33). Nicht in
Mutter Natur, sondern in Christus – wenn wir so wollen: in
Julianas ‚Mutter Christus' – liegt wahre Freiheit für Frauen
wie Männer. „In dir allein habe ich alles" (5), drückt es Juliana, diese große Optimistin unter den Mystikern und
Theologen, aus.

Im gegenwärtigen theologischen Klima können wir Juliana als Prophetin, Gefährtin und Führerin in unsere Mitte
rufen. Denn nachdem sie sich zunächst die theologische
Sprache und das theologische Wissen ihrer Zeit zu eigen gemacht hatte, ging sie darüber hinaus und fand zu einer eigenen Sprache, in der sie ihre Einsichten weitervermitteln
konnte. Dies trug ihr innere Konflikte und Verwirrung ein:
Wie konnte sie der ‚heiligen Kirche' treu bleiben und
gleichzeitig auch dem, was ihr der Herr selbst in den Visionen offenbart hatte? In der Tiefe ihres Schmerzes rief sie
Gott um Hilfe an. Was ihr daraufhin zur Antwort gegeben
wurde, schenkte ihr dauerhaftes Licht und Frieden, bis
dann die Nacht dem ‚endlosen Tag' wich. Nicht völliges
Verstehen wurde ihr geschenkt, doch zumindest die Gewiß-

heit, daß „alles gut sein werde, und jegliches Ding gut sein werde" (27). Sie kann demnach durchaus unsere Lotsin sein, selbst über den Abstand von sechs Jahrhunderten hinweg. „Uns alle meint Gott" (30), also auch uns in unseren Schwierigkeiten und Ängsten, die wir jetzt das sichere Ufer lang akzeptierter Vorstellungen verlassen müssen, denn im geistlichen Bereich wird ein Anker nach dem anderen gelichtet, und wir beginnen, auf offener See zu treiben. Juliana kann uns Mut geben voranzuschreiten, voll Vertrauen in den Einen, in dem keine Dunkelheit mehr ist. Die wichtigste und größte Loyalität gegenüber der Gemeinschaft der ‚Mit-Christen' (wie immer diese sich auch zur Institution Kirche stellen mögen) besteht vielleicht gerade darin, furchtlos und standhaft bei dem zu bleiben, was Christus nach unserem Verständnis unter uns wirken wollte, worum es also in der Heilsgeschichte letztlich geht.

Juliana lehnte mit ihrem Verständnis von Christus als Mutter weder die Vorstellung von der Väterlichkeit Gottes ab, noch spielte sie sie herunter, so wie es heutzutage manche in ihrem Zorn tun. Der Durchgang durch die patriarchalische Kultur kann letztlich auch als ein notwendiger Schritt auf dem Weg zur Entfaltung der vollen Möglichkeiten des menschlichen Bewußtseins gesehen werden. Es wäre sicherlich naives Wunschdenken, wenn man sich dagegen eine frühere matriarchalische Kultur als das Paradies auf Erden vorstellte. Wenn es nun an uns ist, Übertreibung und Unausgewogenes in der patriarchalischen Welt offenzulegen und richtigzustellen, dann muß auch das Stadium des ‚Mutterschoßes' überschritten werden. Regression kann nicht das Ziel sein. Nur so können wir ‚ganze Menschen' werden. Denn das ist ja unser Ziel und unsere Vollendung auf der Erde wie im Himmel. Auf diesem Weg können Julianas Gedanken weiterführen. Die norwegische Theologin Kari Børresen meint dazu: „Juliana bietet uns ein Bild der

Gottheit, das aus dem Bild einer menschlicheren Menschheit erwächst, und zwar in dem Sinn, daß es die Charakteri-
stika beider Geschlechter aufweist. Gott ist somit ganz
göttlich, wie dann auch die Menschheit, also Mann und
Frau vor Gott, ganz menschlich ist."[7]

Zuletzt wollen wir auch dies nicht übersehen: Julianas
‚Lehre von der Mütterlichkeit' hat sich über Jahre des Gebets und der inneren Schau hinweg entwickelt. Eine Tren-
nung von dogmatischer und spiritueller Theologie nützt
keiner der beiden Disziplinen. Wollen wir heutzutage in
wahrer theologischer Kreativität Fortschritte machen, dann
können wir eine neue Sterilität und damit letztlich Bedeu-
tungslosigkeit der Theologie nur vermeiden, wenn unsere
Theologie wie die Julianas einerseits aus einer tiefgründigen
und ernsthaften Reflexion heraus geboren wird, andererseits, ja vor allem, aber auch aus dem inneren Schweigen,
aus der Meditation. Das weibliche Element in Gott muß sowohl rational bedacht werden als auch innerlich erleb- und
erfahrbar. Es muß gesellschaftlichen *und* liturgischen Ausdruck finden. Diese Aufgaben werden zunächst Frauen zu
erfüllen haben, denn sie suchen bereits jetzt, ob sie nun innerhalb oder außerhalb der Kirche stehen, mehr als die
Männer nach innerer Ganzheit. Frauen spenden heute
schon auf vielen Ebenen, in vielen Sphären, Leben. Wenn
der christliche Glaube trotz immer weiter sinkender Mit-
gliederzahlen in den Kirchen (zumindest in Europa) noch
nicht im Sterben liegt und jeder Kommunikation mit der
Welt entfremdet ist, sondern nach einer neuen Geburt
(gleich Jesus an einem ‚einfachen Ort'), nach einer neuen
‚Ekklesiogenese' strebt, dann braucht er wie alle Neugebore-
nen mütterliche Fürsorge. Juliana bietet uns eine wahre
Fülle neu-alter Bilder, die für einen wirklichen Wandel un-
aufgebbar sind. Vielleicht kann die Schau des Gottesbildes,
das sie für uns entschleiert und das in ihrer eigenen Psyche

solch tiefen Widerhall fand, auch in uns (so wie eine Tiefe es der anderen vermittelt) eine lebendige Antwort an den Einen hervorrufen, der in unzugänglichem Licht wohnt und alle bildlichen Vorstellungen übersteigt und von dem wir mit Juliana sagen können: „So wahr Gott unser Vater ist, so wahr ist er unsere Mutter."

ERSTER TEIL

I

Juliana, die Einsiedlerin von Norwich

Wir wissen nur sehr wenig über Juliana selbst, ihre Herkunft, ihren Hintergrund, ihr Leben. „Zweifelsohne wünschte sie es so", heißt es bei Colledge und Walsh, und weiter: „Wir dürfen annehmen, daß sie sorgsam darauf bedacht war, kein ‚Material für eine Biographie' zu hinterlassen. Sie bittet ja auch in ihrem Buch die Leser zu vergessen, daß sie es geschrieben habe, und nur daran zu denken, daß Gott es inspiriert habe."[8] Diese Haltung unterscheidet sie von ihrer Zeitgenossin Margery Kempe, die ebenfalls Visionärin war (allerdings in viel gröberer und schlichterer Weise). Margery Kempes Buch ist voller biographischer Details, die es zu einer ergiebigen Fundgrube für Historiker und Forscher machen. Julianas Aufzeichnungen konzentrieren sich im Gegensatz dazu allein auf die Visionen, Betrachtungen dazu und auf die Botschaft, die den ‚Mit-Christen' daraus erwächst.

Es existieren zwei Versionen von Julianas Buch, eine kürzere *(KV)* und eine lange *(LV)*. Sie teilt uns zu Beginn des zweiten Kapitels der *LV* mit, daß „alles Folgende ... einem einfachen ungelehrten Geschöpf offenbart (wurde), das im sterblichen Fleisch lebte, im Jahre des Herrn 1373, am dreizehnten Tag des Mai". Und im nächsten Kapitel sagt sie, daß sie „dreißig und ein halbes Jahr zählte". Sie muß daher gegen Ende des Jahres 1342 geboren worden sein. Später hören wir, daß sie zwanzig Jahre nach den Offenbarungen „innere Unterweisungen erhielt". Damit befinden wir uns im Jahr 1393. 1393/94 wird „der Einsiedlerin Juliana" von einem Priester aus Norwich, Roger Reed, ein Legat von zwei Schilling hinterlassen und ein Schilling in einem Testament von 1404. In der *KV* finden wir den Hinweis, daß sie 1413 noch als Rekluse in Norwich lebt. 1415 erhielt sie ein Legat von vierzig Pence und im folgenden Jahr, 1416, erhält sie ein Legat von zwanzig Schilling. Sie hatte also ein langes Leben, mag sie nun bald darauf oder, wie manche annehmen, um das Jahr 1420 gestorben sein. Dies ist für die Zeit Julianas durchaus ungewöhnlich.

Hinsichtlich der beiden Versionen ihrer *Offenbarungen* geht die Meinung der meisten Forscher heute dahin, daß die erste, die *KV,* wahrscheinlich *nicht* eine gekürzte Fassung der längeren ist, wie lange angenommen wurde, sondern daß sie wohl kurz nach dem Ereignis der Vision niedergeschrieben wurde. In ihrer Einleitung zum Text der *KV* meint Anna Maria Reynolds: „Sein Wert und sein besonderes Interesse bestehen darin, daß er uns eine Darstellung von Julianas Visionen gibt, die niedergeschrieben wurden, als ihr Geist noch unter der ersten Erschütterung dieser Erfahrung stand."[9]

In dieser *KV* (10) sagt Juliana ausdrücklich, daß alles, was sie in den Offenbarungen sah, für alle Mitchristen gedacht ist: „Und deshalb bitte ich euch alle um Gottes willen und rate euch zu eurem eigenen Nutzen, daß ihr euren Blick abwendet von mir elendem, weltlichem, sündigem Geschöpf, dem dies gezeigt wurde ... : es ist Gottes Wille und mein Wunsch, daß ihr sie mit so großer Freude und Beglückung aufnehmt, als ob Jesus sie euch gezeigt hätte, so wie mir."

Und ihr stark ausgeprägter Sinn für die Zusammengehörigkeit aller Gläubigen wird in den Worten deutlich: „ ... Denn da wir alle eins sind, so gilt auch die Offenbarung für uns alle."

Der Drang, ihre Erfahrungen anderen mitzuteilen, weicht jedoch manchmal einer gewissen Vorsicht: „Verhüte aber Gott, daß ihr alles das so auffassen könntet, als wäre ich ein Lehrer, denn das will ich nicht sein, noch habe ich es je so gemeint." Dies ist allerdings nicht die übliche Demutsfloskel einer frommen Schriftstellerin, denn sie fährt fort: „Ich bin nichts als eine Frau, ungelehrt, schwach und einfältig; ... Weil ich eine Frau bin, sollte ich deshalb nicht von der Güte Gottes zu euch reden dürfen, da ich doch zugleich einsah, daß es sein Wille ist, daß das bekannt wird?"

Man erkennt deutlich die Spannung in Juliana: Einerseits hat sie die Gewißheit, daß sie etwas höchst Kostbares von göttlichem Ursprung in sich erfahren hat, das sie anderen um deren Heil willen mitteilen muß. Andererseits weiß sie, daß in der christlichen Gesellschaft, in der sie lebt, ihr Geschlecht als Hindernis gesehen wird, das diese Aufgabe fast unmöglich, zumindest aber sehr schwierig macht.

Für Anna Maria Reynolds ist das Erscheinen von Julianas Buch im England des 14. Jahrhunderts „nahezu wie ein Wunder": „Einmal ist die Verfasserin eine Frau, und diese Tatsache widersprach von Grund auf den landläufigen damaligen Anschauungen in England. Man lehnte mystische Begnadungen von Frauen überhaupt ab; kamen sie aber doch einmal vor, so hatte man jedenfalls keinerlei Verständnis für den Wunsch, sie auszuposaunen." [10]

Man ist an die traditionelle buddhistische Maxime erinnert, daß eine Frau auf ihre Reinkarnation als Mann warten muß, bis sie „ erleuchtet" sein kann!

Glücklicherweise entschied sich Juliana dafür, Gott mehr zu gehorchen als den Menschen. Sie verbrachte die nächsten zwei Jahrzehnte damit, den Inhalt ihrer sechzehn Visionen, die sie ja alle innerhalb von wenigen Stunden empfangen hatte, zu meditieren. Sie hatte zwar keine direkten Visionen mehr, doch in den langen Jahren des intensiven Gebets, Studiums und der Meditation erwuchsen, „erneuert durch Erleuchtungen und Berührungen", weitere

Einsichten über die Bedeutung der Visionen. Juliana verfaßte die erste Niederschrift der *LV* zwischen 1388 und 1393.

„Es gibt klare Hinweise dafür, daß Juliana die zweite Version mindestens einmal umschrieb. Die Revision folgte einer Erleuchtung, welche sie über Bedeutung und Stimmigkeit der Visionen erhielt, die sie längere Zeit nicht verstanden hatte."[11] Diese Version umfaßt (86) Kapitel. Sie beginnt mit einem Bericht über die aufeinanderfolgenden Erscheinungen. Nach der 14. Offenbarung wird in den Kapiteln 44–63 zusätzliches Material über Lehrfragen, die aus den voraufgegangenen Visionen erwachsen waren, aufgeführt. Für unsere Zwecke ist dies besonders interessant, da die Lehre von Christus als Mutter sich in der *KV* überhaupt nicht findet, sondern eben hauptsächlich in diesen zusätzlichen Kapiteln der *LV*. Juliana berichtet uns: „Fünfzehn Jahre lang (ausgenommen drei Monate) wurden mir innere Unterweisungen zuteil." Jahrelang hatte sie sich danach gesehnt, „unseres Herrn Absicht zu wissen". Warum ließ er ausgerechnet ihr diese Offenbarungen „hoher Göttlichkeit und Weisheit" zuteil werden? Am Ende dieser Zeitspanne wurde ihrem Geist diese Antwort beschieden: Liebe war seine Absicht. „So wisse: Liebe war seine Absicht! Wer offenbarte es dir? Liebe! Warum offenbarte er es dir? Aus Liebe! ... So wurde ich gelehrt, daß Liebe unseres Herrn Absicht ist" (*LV*, 86).

Während die Juliana der *KV* ihre Mitteilung der Magnalia Dei, der Großtaten, die Gott an ihr erwies, noch gleichsam entschuldigt, ist zum Zeitpunkt des Erscheinens des längeren Werkes diese Scheu verschwunden. Eine Erklärung ist nicht mehr notwendig: wenn Liebe seine Absicht war, so ist diese Liebe selbstmitteilsam, und auch die Offenbarung dieser Liebe muß allen mitgeteilt werden: „Sie ist allgemein, für alle meine Mit-Christen" (8, 68).

Man kennt Juliana unter dem Namen ihrer Heimatstadt.

Norwich ist die Hauptstadt der Grafschaft Norfolk. Auch heute ist es noch eine stolze und schöne Kathedralstadt, berühmt für die vielen Kirchen. Norwich liegt inmitten des ausgedehnten landwirtschaftlich geprägten Gebiets Ostenglands, abseits der heutigen Hauptverkehrsstraßen. Zur Zeit Julianas war es jedoch „nach London die bevölkerungsreichste und wohlhabendste Stadt ... die Kathedrale war ein Benediktinerpriorat; das Leben der Gemeinschaft war von besonderem Prestige und Überfluß geprägt, und die Bibliothek von Norwich war eine der besten im spätmittelalterlichen England ... Die drei Bettelorden waren wegen des Reichtums der Stadt und ihrer Möglichkeiten zur pastoralen Arbeit angezogen worden ... Das schmucke Haus der Augustiner stand in Conisford, direkt gegenüber der Einsiedelei Julianas."[12]

Petrus von Candia, der für kurze Zeit als Papst Alexander V. herrschen sollte und der wegen seiner Bildung und Frömmigkeit berühmt war, hatte in Norwich studiert, bevor er nach Oxford ging. Juliana lebte also in einer Stadt mit einem reichen geistigen Leben und vielen Möglichkeiten zu Studium und Gelehrsamkeit: „Wir können sicher sein, daß Juliana in einer Gesellschaft lebte, in der geistliche Bücher geschätzt und gelesen wurden."[13] Weite Teile Englands erlebten eine Blütezeit der Baukunst. So befanden sich zu Lebzeiten Julianas die Kreuzgänge der Kathedrale von Norwich im Bau, die 1430 vollendet wurden, und auch die Vollendung des Turms erlebte sie noch selbst. Noch heute steht die Kirche, an die sich ihre Einsiedelei anschloß, in einer kleinen Gasse abseits der Hauptstraßen der Stadt. Sie ist nach den heiligen Julian und Edward benannt, und möglicherweise hat Juliana, die sich vielleicht auch hier zurückhielt, den Namen der Kirche als ihren eigenen angenommen. Auf jeden Fall ist die Kirche nicht *nach* ihr benannt, denn Juliana wurde niemals offiziell heiliggesprochen. Wir wissen aus einer Quelle des 18. Jahrhunderts, daß die Einsiedelei während der Auflösung des Kirchenbesitzes zerstört wurde, ihre Grundmauern aber immer noch zu sehen waren. Vor einiger Zeit wurde sie wiedererbaut. Sie ist zum Zentrum für die wachsende Zahl derer geworden, die sich für die Lehre Julianas interessieren.

Wir wissen nicht einmal, ob Juliana schon zum Zeitpunkt der Offenbarung begonnen hatte, ein Einsiedlerleben zu führen. Es war zu dieser Zeit durchaus üblich, daß Männer und Frauen, die bereits Erfahrung im Ordensleben besaßen, mit Billigung der kirchlichen Obrigkeiten ihre Gemeinschaften verließen, um ein abgeschlossenes Einsiedlerleben aufzunehmen. Die Kirche St. Julian und St. Edward gehörte mitsamt der Einsiedelei der Benediktinerinnenabtei im nahegelegenen Carrow. Daher hat man angenommen, Juliana sei selbst Benediktinerin gewesen. In der Tat zitiert sie einmal das *Leben des heiligen Benedikt*. Benediktinischer Einfluß auf Juliana ist unverkennbar, doch bedeutet das allein noch nicht viel. Diese Spiritualität, die dem englischen Temperament sehr entgegen kommt, war weit verbreitet. Vielleicht war Juliana, wie Paul Molinari meint[14], als junges Mädchen in Carrow gewesen. Dort gab es eine von Nonnen geführte Schule, in der die Töchter der vornehmen Familien aus der Umgebung erzogen wurden.

Juliana berichtet uns, daß ihre Mutter dabei war, als sie die Visionen hatte. Damals war Juliana dem Tode nahe, und „meine Mutter, die mit anderen bei mir stand und mich sah, hob ihre Hand zu meinem Gesicht, um meine Augen zuzudrücken; denn sie dachte, daß ich sterbend sei oder gerade verschieden wäre" (*KV*, 10). Dies spricht gegen die Annahme, daß sie bereits Nonne oder Einsiedlerin war, als sie die Vision hatte.

Vielleicht ist die Anwesenheit der Mutter an Julianas

Krankenlager auch ein Hinweis auf die enge Beziehung zwischen Mutter und Tochter[15]. Es könnte eine Anspielung auf die Mutter sein, wenn es zu Beginn von Kapitel 35 heißt: „... als der Allmächtige so reichlich und völlig seine Güte offenbart hatte, wollte ich gerne wissen, ob jemand, den ich liebhatte, fortfahren würde in seinem guten Lebenswandel ..." Es bleibt zwar nur eine Vermutung, doch man könnte durchaus mit Knowles annehmen, daß Julianas eigene Erfahrung mütterlicher Zuwendung sie in besonderer Weise empfänglich gemacht hat, das Bild Christi als das einer Mutter zu sehen: „Der Dienst einer Mutter aber ist der nächstliegende und geschieht am bereitwilligsten und gewissesten ... Dieses schöne liebliche Wort ‚Mutter' ist so süß und so gütig, daß es von niemand und zu niemand in voller Wahrheit gesagt werden kann als von ihm und zu ihm, der die wahre Mutter des Lebens und aller Dinge ist." Da wir keine Informationen über sie bis zu ihrem dreißigsten Lebensjahr haben, wäre es auch möglich anzunehmen, daß sie als junge Frau selbst Mutter gewesen war. Die Pest, die 1347–52 in ganz Europa wütete und 1349 ein Drittel der Bevölkerung Englands hinweggerafft haben soll, trat 1361 wieder auf. Zu dieser Zeit wäre Juliana gerade alt genug gewesen, um geheiratet, ein Kind geboren und wieder verloren zu haben und zur Witwe geworden zu sein. Doch berichtet sie uns in der *KV:* „Danach sagte Gott der Herr: ‚Ich danke dir dafür, daß du Mir dienst, und für all deine Mühsale, die du gerade in deiner Jugend auf dich nimmst" (9); wir wissen, daß sie schon vor ihrer Krankheit ein sehr frommes Leben führte. Aus diesem Grund, so meinen manche, könne sie nicht verheiratet gewesen sein. Sie gehen davon aus, daß Ehe und ernsthafte geistliche Bemühungen schwer vereinbar seien oder zumindest in jener Zeit für unvereinbar gehalten wurden. Colledge und Walsh halten die Vermutung am wahrscheinlichsten, daß sie tatsächlich vor ihrem zwanzigsten Lebensjahr in ein Kloster eingetreten sei und bis zu ihrem fünfzigsten, als sie Eremitin wurde, dort lebte. „Erst nach Vollendung des langen Textes zog sie sich, so glauben wir, in die Einsiedelei bei der St.-Julians-Kirche zurück und begann das abgeschlossene Leben als Einsiedlerin." [16]

Auf jeden Fall scheint es wahrscheinlich, daß sie erst nach den Offenbarungen zur Eremitin wurde, was immer sie auch zuvor gewesen sein mag. Aus den bereits erwähnten Testamenten wissen wir, daß sie seit spätestens 1393 mit einer Gefährtin oder Dienerin lebte. Juliana selbst berichtet uns überhaupt nichts über ihre Lebensweise in der Einsiedelei, „nicht den kleinsten Brocken" [17], sagt Anna Maria Reynolds bedauernd in ihrer Einleitung der *KV*. Wir wissen noch nicht einmal von ihr selbst, daß sie Einsiedlerin war. Anna Maria Reynolds meint, daß nur eine einzige Stelle als Anspielung auf ihr abgeschlossenes Leben verstanden werden kann: „Dieser Ort ist ein Gefängnis, dieses Leben eine Buße, doch aus dem Heilmittel sollen wir nach Seinem Willen Freude schöpfen. Das Heilmittel besteht darin, daß der Herr bei uns ist und uns schützt" (*LV*, 77). [18] Vielleicht meint sie mit Gefängnis aber nur das Erdenleben, wenn es sie danach verlangt, ganz bei Gott zu sein.

Was ein Einsiedlerleben bedeutete, kann man genauestens der *Ancrene Riwle*, einer etwa 150 Jahre vor Julianas Leben verfaßten englischen Regel für Einsiedler, entnehmen. [19] Eine Einsiedelei konnte aus einem einzigen Raum bestehen oder aus mehreren – wie eine moderne Wohnung. Ein Fenster ging hinaus zum Allerheiligsten der Kirche, ein weiteres, verhängtes, öffnete sich zur Außenwelt, und ein drittes ließ Licht herein. Es war üblich für Einsiedlerinnen, eine oder mehrere Dienerinnen zu haben, die sich um die häuslichen Dinge kümmerten. Die *Riwle* empfiehlt der Einsiedlerin Großzügigkeit gegenüber ihren Dienerinnen in

Fragen der Nahrung und Kleidung – ungeachtet aller Strenge, die sie sich selbst auferlegen mochte. Leeres Geschwätz und der Austausch von Nachrichten waren untersagt! Die Einsiedlerin hatte natürlich unermüdlich sowohl im liturgischen wie im privaten Gebet zu sein. Die einfacheren Nadelarbeiten werden ihr empfohlen, doch „keine von euch soll mit einem Rahmen Spitzen herstellen". Der Verfasser der Riwle warnt auch davor, zu Lehrerinnen zu werden und aus der Einsiedelei eine Schule zu machen. Manchmal gehörte zur Einsiedelei ein kleiner Garten, um frische Luft schöpfen zu können und vielleicht ein wenig Gemüse anzubauen.

Eine feierliche Zeremonie stand am Anfang eines solchen Lebens. Nach einer Prüfungszeit der Kandidatin, die ihre Eignung für ein derartiges Leben feststellen sollte, wurde sie mit aller Feierlichkeit in die Klausur eingeschlossen. Je nach Gegend mögen die Einzelheiten des Ritus unterschiedlich gewesen sein, doch im wesentlichen war er überall gleich. Das Gewand der Einsiedlerin wurde gesegnet, und während oder nach der Messe wurde sie zur Tür ihrer Klause geführt, man hieß sie eintreten und verschloß die Tür. Wenn auch in späterer Zeit ein Verfall dieser Lebensform einsetzte, so blieben doch einige Klausen, wie die der Juliana, bis weit in das 16. Jahrhundert hinein ununterbrochen von Einsiedlerinnen bewohnt.

Was genau unter Julianas Anspielung auf ihre ‚Ungebildetheit' zu verstehen ist *(KV)*, bleibt unter Forschern ein vieldiskutiertes Thema. Reynolds schrieb in den fünfziger Jahren: „Der genaue Sinn dieser schlichten Worte hat schon vielen Gelehrten Kopfzerbrechen bereitet. Sie denken dabei an Katharina von Siena, die berühmte Zeitgenossin Julianas in Italien, die niemals schreiben gelernt hatte, und daran, daß die selige Dorothea von Preußen, die auch zur Zeit Julianas lebte, in den *Acta Sanctorum* als ‚nahezu ungebildet' geschildert wird. Zudem sind sie sicher auch durch Eileen Power's vernichtendes Gesamturteil über den allgemeinen Bildungsstand englischer Frauenklöster des späten Mittelalters beeinflußt worden, so daß einige Gelehrte eine wörtliche Deutung von Julianas Selbstzeugnis energisch vertreten und der Ansicht sind, daß der Bildungsgrad unserer Rekluse ungefähr dem ihrer berühmten Schwestern auf dem Kontinent gleichkam. Andere halten es dagegen für wahrscheinlicher, daß Juliana hier aus der Demut der Heiligen heraus über sich urteilt und nur meint, daß sie keine ‚Gelehrte‘ war. Deutet man ‚ungelehrt‘ einfach als ‚der *lateinischen* Sprache unkundig‘, so unterstützt das diese Auffassung." Reynolds betont, daß Juliana „Vertrautheit ... mit der Sprache und Gedankenwelt der Bibel" zeigte, „entweder mit dem Text der Vulgata oder dem (englischen) der Landessprache"[20].

Die erste Übersetzung der ganzen Bibel ins Englische vollendete John Wyclif aus Yorkshire jedoch erst 1382. Er wurde u. a. deshalb zum Häretiker erklärt. Vor diesem Zeitpunkt waren nur Teile der Bibel übersetzt worden. Der Eremit Richard Rolle, ein Zeitgenosse Julianas, schrieb für eine andere Einsiedlerin, Margaret Kirkby, einen volkssprachlichen Psalter im Dialekt der nördlichen Grafschaften. Sodann gab es einige Teile des Neuen Testaments in englischer Sprache. Die Augustinerchorherren, deren Kloster sich in der Nähe von Julianas Klause befand, verbreiteten ebenfalls einige Auszüge der Heiligen Schrift in der Volkssprache. In der *Cambridge History of the Bible* heißt es: „Wir sehen, daß in England, und in stärkerem Ausmaß in Deutschland und den Niederlanden bei Kontemplativen aus dem Laienstand der Wunsch nach einer Bibelübersetzung wuchs. Es handelte sich hierbei oft um Frauen, die keine Lateinkenntnisse besaßen."[21] Bei fortschreitendem Studium von Julianas Buch wird es jedoch immer schwieriger, die Ansicht zu akzeptieren, sie habe nur eben die Kunst des Lesens beherrscht. Ihre Kenntnis der Heiligen Schrift scheint viel zu groß und tief gewesen zu sein, als daß sie nur aus den wenigen volkssprachlichen Übersetzungen und Predigten hätte herrühren können. Auch kannte sie die scholastisch-theologische Terminologie und konnte sie mit großer Sicherheit benutzen und den eigenen Zwecken anpassen.

An dieser Stelle müssen ein oder zwei Beispiele ihrer theologischen Kompetenz genügen. In Kapitel 23 bezeugt sie ihr Wissen, daß alle Werke Gottes ad extra, d. h. in der Schöpfungsordnung, den drei Personen der Dreifaltigkeit gemein sind, wogegen die Inkarnation nur die zweite Person betrifft: nur der Sohn wurde Mensch. Sie sagt dort: „Die ganze Dreieinigkeit wirkte mit beim Leiden Christi; denn sie spendet uns durch ihn überreichlich Kraft und die Fülle der Gnade; aber das Leiden trug allein der Jungfrau Sohn. Darüber freut sich die heilige Dreieinigkeit." Juliana kennt sich in den Gefahren theologischer Irrwege aus. Das zeigt sich besonders an den Stellen, an denen ein theologisch nicht geschulter Geist scheitern oder in die Irre gehen würde. So liegt es ihr z. B. in Kapitel 51 sehr an der Feststellung, daß das Bild des Sohnes, der „zur Rechten seines Vaters in ewiger Ruhe und Frieden" thront, tatsächlich nur ein Bild ist, ein Anthropomorphismus: „Das heißt aber nicht, der Sohn sitze zur Rechten, Seite an Seite, wie ein Mensch in diesem Leben bei einem anderen Menschen sitzt – denn es gibt in der Dreieinigkeit kein solches Sitzen wie in meinem Gesicht, sondern ‚er sitzt zur Rechten seines Vaters' will besagen ‚in der höchsten Ehre der Freuden des Vaters'." In Kapitel 54 drückt sie sich sehr vorsichtig aus, damit ihre Worte nicht pantheistisch gedeutet werden können. (Dies geschah dem großen Mystiker Meister Eckhart, der Juliana vielleicht beeinflußt hat. Er hatte deshalb

Schwierigkeiten mit der kirchlichen Autorität.) Juliana sagt: „Ich sah keinen Unterschied zwischen Gott und unserem Wesen, sondern es war, als sei alles göttlich. Dennoch begriff ich, daß unser Wesen in Gott ruht, das heißt, daß Gott Gott ist und unser Wesen ein Geschöpf in Gott."

Knowles schrieb über sie: „Ihr Geist kann sich mit den tiefsten Mysterien von Theologie und Leben auseinandersetzen und hat viel von der schwerverständlichen Fachsprache der Scholastik aufgenommen bzw. aus sich heraus entdeckt. Gleichzeitig zeigt sie sich als großzügig liebende Frau mit ausgesprochenem Feingefühl, und sie kann sich in einer Sprache ausdrücken, die direkt zu Herzen geht und doch nie grob oder vereinfachend ist, da sie ein lebhaftes Bildgedächtnis und einen breiten Wortschatz besitzt. In ihrer Nüchternheit wie in ihrer Tiefe muß sie unter den Mystikerinnen des Mittelalters sehr hoch eingestuft werden."[22] „Die schwerverständliche Fachsprache der Scholastik" – es erscheint unbegreiflich, wie man diese aus sich heraus entdecken soll. In der *Cambridge History of the Bible* heißt es: „Von dem, was in Paris oder Oxford gelehrt wurde, war nur wenig für die Erbauung Ungelehrter geeignet. Darüber hinaus führt die intensive freie Spekulation, die an der Universität gepflegt wurde, dazu, daß viele, die daran teilhatten, und mehr noch die, die dies nicht taten, jede Kommunikation mit darin nicht gelehrten entschieden ablehnten."[23]

Inzwischen muß man also davon ausgehen, daß „Juliana vor der Abfassung des kurzen Textes die ganze *Vulgata* kannte; insbesondere mit den vier Evangelien, den paulinischen und johanneischen Briefen und dem Hebräerbrief, den Psalmen, den Weisheitsbüchern und Deuterojesaja war sie aufs tiefste vertraut."[24] (Von besonderer Bedeutung für Julianas Lehre über die ‚Mütterlichkeit' oder ‚Mutterschaft' sind, wie wir noch sehen werden, die Weisheitsbücher.) Die Herausgeber der kritischen Ausgabe fahren fort: „Es steht außer Zweifel, daß Juliana in ihrer Jugend eine besonders gründliche Unterweisung im Lateinischen, in der Heiligen Schrift und den Freien Künsten erhalten hatte und daß sie danach die lateinischen und muttersprachlichen Klassiker der geistlichen Literatur studieren konnte und durfte."[25]

Vielleicht war es für eine Frau ihrer Zeit tatsächlich nur hinter Klostermauern möglich, eine derartige Bildung zu erwerben. Sie war zudem „eine außergewöhnliche Rhetorikerin, die mit Leichtigkeit von den Ausdrücken und Ideen der Philosophen Gebrauch zu machen verstand"[26]. Vielleicht hat sie schon früh in ihrem Leben die Aufmerksamkeit eines oder mehrerer Gelehrter auf sich gezogen, „die ihre geistigen und geistlichen Gaben erkannten und ihr das Wissen der Scholastik vermittelten."[27]

Auch A. M. Reynolds befaßt sich ausgiebig mit Julianas schriftstellerischem Rang. Es gehört zwar nicht direkt zu unserem Thema, doch sollte am Rande vermerkt werden, daß sie auch als die „erste englische Schriftstellerin" gilt.[28] Selbst in der Übersetzung zeigt sich noch ein wenig von der Lebendigkeit, dem Rhythmus und Klang, der anheimelnden und direkten Bildhaftigkeit, ihres Stils, von seiner Kraft und auch seiner Zurückhaltung – je nach Art des Inhalts. Zwei ihrer Lieblingswörter sind ‚homely‘ und ‚courteous‘ (vgl. Schlußkapitel), die, oft zusammen verwendet, von der liebevollen Verbindung zwischen Gott und Mensch sprechen, einer Verbindung, in der Gott dem Geschöpf, das er selbst ins Sein gerufen hat, voll Respekt begegnet.

Aus einer anderen Quelle, dem *Buch der Margery Kempe*, wissen wir, daß Juliana in ihrer Einsiedelei ihren weithin hohen Ruf weniger ihrer theologischen Fähigkeiten als vielmehr aufgrund der seltenen Gabe, Dinge zu durchschauen und Rat zu erteilen, verdankte.[29]

Margery Kempe war eine seltsame und umstrittene Persönlichkeit, ungefähr dreißig Jahre jünger als Juliana. Bis

1934 war sie nur als Verfasserin einer Reihe beschaulicher Texte bekannt, die in einem einzigen Exemplar in der Universitätsbibliothek von Cambridge existierten. Diese Texte waren 1501 gedruckt worden und tragen den Hinweis: „aus dem Buch der Margery Kempe aus Lynn". 1934 kam jedoch das verlorene Buch unter den Manuskripten einer alten Familie aus Yorkshire ans Licht, und 1940 erschien eine umfassende kritische Ausgabe. Das Buch enthält eine ausführliche Biographie, die erste in englischer Sprache. Sie ist für Personen, die sich mit Religionspsychologie oder den religiösen und sozialen Umständen dieser Epoche beschäftigen, von großem Interesse. Das Buch spricht von einer bemerkenswerten Frau, deren Leben erfüllt war von Visionen und Offenbarungen, die ihr allem Anschein nach aber weder ihr besonders tiefe geistliche Einsichten bescherten noch gar den Lesern eine geistliche Lehre.

Man kann sich keinen schärferen Gegensatz denken als den zwischen Juliana und Margery weder was den Lebenslauf noch was den Charakter angeht. Margery heiratete in Lynn an der Küste Norfolks, gebar vierzehn Kinder und überredete ihren Mann schließlich, mit ihr in völliger Keuschheit zu leben. Sie unternahm Pilgerreisen ins Heilige Land und nach Santiago de Compostela, sie reiste nach Danzig und durch Deutschland und Holland. Und ihr Buch enthält den Bericht über ihren Besuch bei Juliana, den sie um 1413 machte. Margery war ständig auf der Suche nach geistlicher Führung. Sie berichtet uns, daß sie nach Norwich kam: „Und dann wurde ihr vom Herrn geboten, zu einer Einsiedlerin in derselben Stadt zu gehen, die sich Frau Juliana nannte. Dies tat sie und zeigt ihr die Gnade, die Gott ihrer Seele geschenkt hatte durch Gewissensbisse, Reue, Süßigkeit und Frömmigkeit, Mitleid in heiliger Meditation und hoher Beschaulichkeit, die Gott zu ihrer Seele sprach; und viele wunderbare Offenbarungen, die sie der

Einsiedlerin mitteilte, um zu erfahren, ob wohl Täuschung in ihnen sei, *denn die Einsiedlerin war sehr erfahren in diesen Dingen und konnte guten Rat geben*"[30]. Nach Margery „dankte Juliana Gott aufs höchste von ganzem Herzen für diesen Besuch und riet diesem Geschöpf, dem Willen Gottes gehorsam zu bleiben und alles in ihrer Macht Stehende zu tun, um zu erfüllen, was Er ihr in die Seele legte[31]." Margery berichtet dann recht ausführlich, was Juliana ihr sonst noch sagte. Der Bericht wurde allerdings erst etwa zwanzig Jahre nach ihrem Besuch verfaßt. So ist kaum anzunehmen, daß der in direkter Rede überlieferte Rat Julianas wörtlich so lautete. Der von Margery geschilderte Inhalt des Gesprächs mit Juliana, weist die Ausgeglichenheit, den gesunden Verstand und die Nüchternheit auf, die auch die *Offenbarungen* auszeichnen, doch fehlt die für Juliana typische Ausdrucksweise, und der Bericht ist sehr allgemein gehalten und ohne jedes persönliche Engagement. Wir müssen uns in der Tat fragen, wie Juliana mit ihrer treuherzigen und frommen, aber doch wohl etwas verwirrten Besucherin umgegangen sein mag. Wie dies auch immer war, Margery schließt mit der Mitteilung: „Gar viel Umgang (d. h. Gespräch) gab es zwischen der Einsiedlerin und dem Geschöpf in der Liebe unseres Herrn Jesus Christus während der vielen Tage, die sie beisammen waren."[32]

Entdeckte sie, daß Juliana bei all ihrer „freundlichen Liebe" und Zuwendung gegenüber der ‚Mit-Christin', mit der sie ihre zweifellos leicht erregbare Besucherin empfing, doch nicht von der Echtheit ihrer Visionen und göttlichen Botschaften überzeugt war? Margery Kempe war zwei Jahre später noch einmal in Norwich. Über einen zweiten Besuch bei Juliana berichtet sie allerdings nichts.

Juliana war also bekannt für ihre Klugheit in geistlichen Fragen und ihren weisen Rat. Und sie erfuhr als Frau diese Wertschätzung. In Ostengland lebten in dieser Zeit viele

Eremiten beiderlei Geschlechts und einige der bedeutendsten Ordensbrüder der Zeit waren in dieser Region als Prediger und Seelenführer tätig.

Julianas langes Leben, das sie zum größten Teil in der Klausur verbrachte, hebt sich in seiner Ruhe gegen eine eher lebhafte und unruhige Zeit ab. Kirche und Gesellschaft befanden sich im Zwiespalt. Der ‚Schwarze Tod' reduzierte die Bevölkerung drastisch und verursachte einen Mangel an Arbeitskräften. In das Jahr 1381 fällt der englische Bauernaufstand. Die Häresie Wyclifs bedrohte die Einheit der Kirche. Während des größten Teils der Lebenszeit Julianas befand sich das Papsttum in der ‚Gefangenschaft' von Avignon. Julianas berühmte Zeitgenossin Katharina von Siena wurde durch ihre mystische Begabung hineingezogen in das Durcheinander der Kirchenpolitik und versuchte, den Skandal um Papst und Gegenpapst zu beenden. Es war aber auch die Zeit, in der England sich zum ersten Mal seines Nationalcharakters bewußt wurde, die Zeit der großen Siege gegen Frankreich: Crécy, Poitiers, Agincourt; eine Zeit, der später durch die Historien-Stücke Shakespeares fast mythischer Glanz verliehen wurde. Es war auch die Periode der architektonischen Glanzleistungen englischer Hochgotik. England schenkte Europa Duns Scotus und Wilhelm Ockham. Die englische Literatur erlebte mit Langland und Chaucer eine erste Hochblüte, Chaucer schrieb wie Juliana im Dialekt der East Midlands, der zur Grundlage der modernen englischen Schriftsprache wurde; es war eine Zeit, in dem trotz aller Beschränkungen eine Frau wie Juliana große Bildung erwerben und zu dem werden konnte, als was sie immer mehr, weit über die Grenzen ihres Landes hinaus, anerkannt wird: eine demütige Empfängerin authentischer mystischer Erkenntnis, eine Frau des Gebets und der tiefen inneren Schau, eine schöpferische Theologin in der besten Tradition der Christenheit.

II
Julianas Offenbarungen

Das erste Kapitel von Julianas Buch zählt in der Reihen-
folge, in der sie sie hatte, alle sechzehn Erscheinungen auf.
Sie sollen auch hier kurz vorgestellt werden, damit ein Eindruck von der Breite, die die Offenbarungen umfassen, entstehen kann. Einige dieser Erscheinungen sind „körperliche
Vision", also das, was man gemeinhin unter Visionen versteht; andere dagegen tragen eher den Charakter innerer Erleuchtung, sind also „geistige Schau". Es ist offenkundig,
was die Visionen für Julianas Lehre bedeuteten: „Zweifelsohne hat die in ihrem Buch der *Offenbarungen* enthaltene
geistliche Lehre ihren Ursprung und Grund in diesen Visionen. In ihnen und durch sie empfing Juliana die Erhellung
ihrer verschiedenen wesentlichen Lehren. Ihre ganze spä-
tere Entwicklung ist mit dieser Erfahrung verwoben."[33] In
unserem Rahmen kann nicht auf alle Einzelheiten aller *Offenbarungen* eingegangen werden. Paul Molinari hat diese
eingehend untersucht und ist zu dem Schluß gekommen,
daß Julianas Visionen selbst den strengen Kriterien der klassischen katholischen ‚Theologie der Mystik' standhalten
und völlig in Einklang stehen mit den übergeordneten Lehren der Schrift. Juliana war eine echte Mystikerin.

Die Offenbarungen

1. Christi Dornenkrönung
2. Das Verfärben seines schönen Gesichts
3. Gott, die All-Weisheit, schafft und wirkt alles

Die erste, zweite, vierte, achte und zehnte Erscheinung handeln direkt von der Passion. Bis auf die zehnte können sie alle aufgrund verschiedener Merkmale zu den Visionen, zu den „körperlichen Anblicken" gerechnet werden. Sie sind von besonderer Lebendigkeit, beweisen schockierend-drastische Direktheit: vom dornengekrönten Haupt Christi fallen die Blutstropfen, „rund wie Heringsschuppen" (17). Juliana sieht das Austrocknen des Körpers als die größte Folter an, das Fleisch löst sich von den Knochen, während es „in der Luft hängt, wie die Menschen Wäsche zum Trocknen aufhängen". (17) Unter den von Juliana aufgezählten Visionen sind auch kleine, phantasievolle Bilder: „Und dann zeigte er mir ein kleines Ding, so groß wie eine Kugel", heißt es an einer Stelle in der ersten Offenbarung (5). Das Gleichnis vom Herrn und Diener im bilderreichen Kapitel 51, das später noch genauer betrachtet wird, enthält eine schöne, assoziationsreiche Beschreibung ihrer Vision des Herrn: „Seine Gesichtsfarbe war hellbraun, seine Züge ganz wohlgestaltet,

seine Augen waren schwarz, leuchtend und angenehm anzu-
sehen, voll lieblichen Erbarmens. Es lag in ihm ein hoher Anblick, lang und weit, voll der endlosen Himmel."

Dann schaut sie den vergänglichen Leib „wie ein ange-
schwollener Tümpel voll stinkenden Morasts" (64), der zu
einem kleinen Kind wird, das „weißer als eine Lilie ist". Am
Ende der Offenbarungen hat sie die einzige Erscheinung, die
ihr im Schlaf kommt: der Teufel, den sie sieht, ist „rot wie
ein frischgebrannter Ziegelstein, mit schwarzen Flecken
darin wie Leberflecken", und er kommt „mit großer Hitze
und schlechtem Geruch", den die Umstehenden nicht wahr-
nehmen können (67).

Im zweiten Kapitel berichtet Juliana von den Umständen,
unter denen sie die Erscheinungen hatte. Sie geben ihren See-
lenzustand und die reife Haltung, mit der sie ihre Sehnsucht
selbst beurteilt, vor dem Ereignis der Offenbarungen wieder.
Vor den Erscheinungen, so berichtet sie uns, hatte sie drei
Wünsche:

1. *Mit leiblichen Augen die Passion Christi zu schauen.*
Grund für diesen Wunsch war, daß sie glaubte, hierdurch
„noch besser die körperlichen Leiden unseres Heilands ken-
nenzulernen", und dann „ein um so treueres Gedächtnis des
Leidens Christi zu haben".

2. *Mit dreißig Jahren eine Krankheit zu bekommen, die
sie dem Tode nahebrächte.* Sie wünscht, „durch die Gnade
Gottes geläutert zu werden, um nach jener Krankheit desto
mehr zur Ehre Gottes zu leben".

3. *„Drei Wunden in meinem Leben" zu erhalten,* nämlich
die „Wunde der wahren Zerknirschung, die Wunde des gütigen Mitleids und die Wunde des ernsten Verlangens nach
Gott", d. h., sie sehnte sich danach, ernsthaft, also mit be-
stimmtem, eigenem Willen die Erfahrung natürlichen Mit-
leidens zu machen.

All dies begehrte sie bedingungslos.

Juliana beendet den Bericht über ihre drei ursprünglichen Wünsche, indem sie erzählt, daß sie den ersten und zweiten Grund allmählich vergaß, daß der dritte ihr aber beständig gegenwärtig blieb. Man kann daraus schließen, daß sie bereits eine ganze Zeit vor dem Ereignis der Visionen zu denen zählte, „die Gott lieben". Gleichermaßen deutlich werden auch Tiefe und Ausgeglichenheit ihres geistlichen Lebens. Solch relative Güter wie Visionen und Krankheit sind letztlich ja nur Antriebe für geistliches Reifen. Sie werden von ihr nur um höherer Motive willen ersehnt und ganz klar als eben bloß relativ erkannt. Die dritte Bitte aber richtet sich auf die für wahre Christusnachfolge unbedingt notwendige Grundhaltungen, von denen Juliana weiß, daß Gott genau diese schenken will.

Auch die Rangordnung ihrer Sehnsüchte steht in vollem Einklang mit diesem tiefen Wissen: Die relativen Sehnsüchte füllen ihre Gedanken nicht ganz, werden vielmehr, nachdem sie einmal zur Sprache gebracht sind, in den Hintergrund verbannt: Die „Wünsche entgleiten dem Gedächtnis" (2). Doch der dritte Wunsch, der für die Heiligkeit, zu der jeder Christ berufen ist, eine unerläßliche Voraussetzung darstellt, bleibt ihr ständig gegenwärtig. Juliana berichtet nun, wie sie tatsächlich, genau wie sie es gewünscht hatte, erkrankte. Drei Tage und drei Nächte lag sie krank: „In der vierten Nacht nahm ich die Gnadenmittel der heiligen Kirche und glaubte, nicht mehr bis zum Tagesanbruch zu leben" (3). Weitere zwei Tage und Nächte zog sich dieser Zustand hin. In der dritten Nacht litt sie bis zum Tagesanbruch. Man hielt ihr ein Kruzifix entgegen, und während sie sich zum Sterben bereitete – ihr Körper war bereits von der Hüfte abwärts gelähmt, und die Lähmung breitete sich weiter aus –, da war plötzlich aller Schmerz vergangen. Juliana besinnt sich nun auf ihren anderen, bereits vergessenen Wunsch, nämlich die Schmerzen Christi mitzuleiden. Sie drückt diesen Wunsch erneut aus, doch sorgfältig ist sie auf die Feststellung bedacht, daß sie „dabei nicht wünschte, Gott leiblich zu sehen oder irgendeine göttliche Offenbarung, sondern nur Mitleid, wie es eine gütige Seele mit unserem Herrn Jesus Christus haben könnte, die aus Liebe mit ihm sterben möchte" (3). Ihr zuvor geäußertes Verlangen nach „leiblichem Anblick" hat sich also nun gewandelt. Nur die ursprüngliche Sehnsucht bleibt bestehen.

Nun beginnt die erste Offenbarung: „Auf einmal sah ich, wie das rote Blut ... hervorquoll" (3). Diese erste Vision, so erfahren wir, beginnt gegen vier Uhr in der Frühe, und die anderen folgen „bis zur Mittagsstunde des Tages oder noch länger". Die sechzehnte und letzte empfängt sie in der folgenden Nacht. Kurz vorher spürt Juliana, wie die Krankheit zurückkehrt, und sie beginnt an der Wahrheit des ganzen Erlebnisses zu zweifeln. Einem „frommen Menschen", der sie besucht, erklärt sie, sie habe „phantasiert" (66), woraufhin er lacht. Als sie von ihren Schauungen spricht, wird er jedoch ernst. Juliana bereut ihre Skepsis bitterlich, empfiehlt sich der Gnade Gottes (und praktiziert damit, was sie später in ihren Belehrungen ständig rät), und wird von „unserem gütigen Herrn" getröstet. Ein Angriff des Teufels in ihrem Schlaf findet sie noch immer voller Vertrauen, und als er sie verläßt, „kamen große Ruhe und Frieden" über sie. Zwar bedrängt er sie ein zweites Mal, doch die Visionen kommen mit einer Schau vom Innewohnen Gottes in ihrer Seele zu einem krönenden Abschluß.

Alle Offenbarungen finden innerhalb weniger Stunden statt: fünfzehn innerhalb von fünf Stunden, und nach einer zwölf- bis zwanzigstündigen Unterbrechung erfolgt dann die letzte Vision. Aus vielen verschiedenen Gründen, haben wir einen lebhaften Eindruck von Julianas ausgeprägtem gesundem Menschenverstand und seelischem Gleichgewicht: Bemerkenswert ist so ihr mangelnder Wunsch nach sinnlich

wahrnehmbaren Wundern und Gnadenerweisen und besonders auch ihr Unwille zu glauben, obgleich sie diesen sofort
bereut, als sie vom göttlichen Ursprung ihrer Visionen überzeugt ist. In die gleiche Richtung deutet, daß sie die um sie
vorgehenden Dinge normal wahrnimmt. So lacht sie an einem Punkt „gar sehr", und „da lachten auch die, die bei mir
waren, und ihr Lachen gefiel mir wohl" (13). Auch ihr robu-
ster Sinn fürs Praktische, der sie z. B. veranlaßt, einige pas-
sende Kommentare abzugeben, gehört dazu. So hält sie, als
der Teufel sie zum zweiten Male angreift, den Blick auf das
Kreuz geheftet und spricht zu sich selbst: „Nun bist du gar
sehr bemüht, dich im Glauben zu erhalten, damit deine
Feinde dich nicht mit sich reißen. Wenn du nun von dieser
Zeit an immer darauf bedacht sein wolltest, dich vor Sünden
zu hüten, so wäre das eine gute, ja die vornehmste Beschäftigung." (70) Ihr gesunder Menschenverstand läßt sich in ihrer
Lehre, die sie aus den Offenbarungen mit Hilfe zusätzlicher
Erleuchtungen und durch Gebet, Meditation und Studium
entwickelte, überall zeigen.

III
Julianas Lehre

1. Der erste Teil der Offenbarungen

Gegen Ende des achten Kapitels der *Offenbarungen*, in dem Juliana noch einmal die erste Vision rekapituliert, bittet sie erneut (wie schon in der *KV*), „daß ihr nicht auf den elenden Menschen sehet, dem solches geoffenbart wurde", und lenkt alle Aufmerksamkeit der Leser weg von ihrer eigenen Person und hin auf den Inhalt ihrer Mitteilungen.

Wir wollen hier ihre Aufforderung ernst nehmen und uns ihrer Lehre widmen, so, wie sie sie aus den Erscheinungen entwickelt. Die ganze Breite ihres Buches kann nur in großen Zügen gewürdigt werden – viele Aspekte verdienen es, sich mit ihnen speziell auseinanderzusetzen. Juliana hat zwar keinen systematischen Traktat geschrieben, auch verlangt ihr Buch nicht nach strenger Analyse, dennoch werden wir sehen, daß sie aus einigen Hauptmotiven eine Lehre entwickelte, die mit jedem neuen Auftreten der Motive tiefer und reicher zutage tritt.

Juliana betont ausdrücklich, daß sie die Erscheinungen nicht nur zu ihrer eigenen Erbauung hatte, sondern allen „zum Trost, ... denn dieses Gesicht war allgemeiner Art"(8). Im folgenden Kapitel unterstreicht sie dies noch einmal: „Von dem Schauen allein bin ich nicht gut, sondern wenn ich Gott um so mehr liebe; und je mehr ihr Gott liebt, um so mehr ist es euer eigener Segen" (9). Die Solidarität mit ihren Mitchristen ist der Schlüssel zu ihrer Spiritualität und Lehre: „Denn wenn ich mich allein betrachte, bin ich gar nichts; aber ich hoffe, daß ich in der Einheit der Lehre mit allen meinen Mit-Christen verbunden bin." (9) Sie spricht vor allem die Mit-Christen an, die ernsthaft in die Nachfolge treten wollen, d. h. jene Frauen und Männer, „die aus Liebe zu Gott die Sünde hassen und bereit sind, Gottes Willen zu tun" (73).

Es sind die Menschen, „die erlöst werden sollen; denn zu dieser Zeit zeigte mir Gott sonst niemand" (9). Juliana ringt nicht auf theoretischer Ebene mit dem Problem „des Heils für die Ungläubigen" – ebenso wenig wie die anderen Theologen ihrer Zeit –, sie konzentriert sich vielmehr auf den reinen Inhalt ihrer Visionen, nichts anderes zeigte Gott ihr: „Denn die Dinge, die er geheimhalten will, verbirgt er mächtig und weise aus Liebe." (46) Ihre Schwierigkeit, das ihr Geoffenbarte und die Lehre der Kirche miteinander zu vereinbaren, wird jedoch zunehmend deutlicher. „Denn ich sah keinerlei Zorn in Gott" und „Alles wird gut sein", lesen wir. Dennoch „ziemt es sich, zu erkennen, daß wir Sünder sind und daher Schmerz und Zorn verdienen" (46). Im Wunsch, beiden Erkenntnissen treu zu bleiben, ruft sie innerlich nach Rettung aus diesem Konflikt: „Ach, Herr Jesus, König der Herrlichkeit, wie soll mir Linderung zuteil werden? Wer soll mich lehren und mir sagen, was ich wissen muß, wenn ich es jetzt nicht in dir erblicken kann?" (50). Die Antwort auf ihr Flehen ist das Gleichnis vom Herrn und Diener, aus der sich, wie wir noch sehen werden, auch die Lehre von der Mütterlichkeit ableitet.

Der volle Titel von Julianas Buch heißt ganz zu Recht *Offenbarungen der göttlichen Liebe,* denn die Liebe Gottes ist ihr Hauptthema. Sie ist das Leitmotiv von Anfang bis Ende. In der ersten Offenbarung sieht sie Christus in seinem Leiden so lebhaft, „ohne einen Mittler", so bis ins Detail vertraut („er selbst zeigte mir solches"), daß sie nicht genug über Gottes Güte (‚homeliness') in seinem Handeln an ihr staunen kann.

In enger Verbindung mit dieser Vision („zur selben Zeit") offenbart der Herr ihr („meinem Geist") „seine freundliche Liebe" (‚homely loving') (5). Die körperlich-bildliche Vision wird ergänzt durch das Verstandeswissen um die in der Passion offenbarte Liebe. Juliana wird zur Quelle und zum Ursprung jener Liebe im ewigen Sein Gottes geführt. Die Vision vom haselnußgroßen „kleinen Ding", welches das „Universum des Geschaffenen" (5) darstellt, vervollständigt sich in ihrem Verstand: „Es bleibt bestehen und wird immer bestehenbleiben, denn Gott liebt es. Und so hat jedes Ding Bestand durch die Liebe Gottes" (5). Gottes Liebe also ist der Grund für alles geschaffene endliche Sein. Schließlich erkennt sie, daß eben diese Liebe selbst aus dem Überfließen, aus der Selbstmitteilung jener Güte kommt, in der „die Fülle" ist und an der „gar nichts fehlt" (6).

Etwas später beschreibt sie eine noch tiefere Einsicht: „ich erkannte, daß Gott alles ist, was gut ist; und das Gute in allem ist er"[34] (8). Und mehr noch: „Denn in der Menschheit, die erlöst werden soll, ist alles begriffen" (9). Also wird der Rest der Schöpfung, die gut ist, da sie aus der Hand Gottes rührt, im Menschen als Brennpunkt und Krone dieser Schöpfung miterfaßt. Die Menschheit ist vor allem eine erlöste („die erlöst werden soll"), denn, um mit Paulus zu sprechen: „alles ist unser, ... und ihr seid Christi, Christus aber ist Gottes." Grund für die Position des Menschen ist sein Geschaffensein im Bild Gottes („unsere erste Schöpfung"). Dies Bild ist zwar befleckt, jedoch durch Christi heilbringendes Handeln („unsere Versöhnung" – ‚our again-making') wieder neu gemacht: „Und wie wir bei unserer ersten Schöpfung der Dreieinigkeit gleichgemacht wurden, so wollte unser Schöpfer, daß wir Jesus Christus, unserem Heiland, ... ewig gleich seien durch die Kraft unserer Versöhnung" (10).

Im elften Kapitel durchdringt Juliana die ihr geschenkte Offenbarung noch tiefer. Sie sieht nämlich, daß Gott alles tut, also die erste Ursache für alles ist: „Denn, wahrlich, ich sah, daß Gott alles tut, sei es auch noch so gering." Wenn dies so ist, dann „mußte ich zugeben, daß alle Dinge, die geschaffen sind, auch gut sind, denn unser Herrgott tut alles."

Unweigerlich stellt sich nun die Frage „Was ist Sünde?" Juliana bleibt ganz in Einklang mit ihren früheren Aussagen: „Und hier sah ich wahrhaft, daß Sünde keine Wirklichkeit ist." (11) Auch schon für Augustinus war diese Erkenntnis eine unter Schmerzen gewonnene, tiefe persönliche Erfahrung, eine Erleuchtung, die sein ganzes Leben ändern sollte. [35] In den *Bekenntnissen* schreibt er über seine manichäische Phase: „... in dieser Entzweiung aber, wie sie dem der Vernunft baren Leben eigen ist, wähnte ich Unseliger etwas wie Substanz und Wesen des höchsten Übels vor mir zu haben, ein Wesen, das nicht nur Substanz, sondern geradezu Leben sei und doch nicht von Dir stamme, ‚aus dem alle Dinge sind'. Denn ich wußte nicht und hatte nicht gelernt, daß das Böse keinerlei Wesenheit und daß selbst auch unsere Geisteskraft nicht höchstes und unwandelbares Gut ist." [36] Diese Vorstellung des Bösen, das Menschen begehen können oder das ihnen zugefügt werden kann, als (in ganzheitlichem Zusammenhang betrachtet) einer *privatio boni*, eines Mangels an Gutem, wurde von der mittelalterlichen Scholastik, vor allem durch Thomas von Aquin, wiederaufgenommen und weiterentwickelt. Heute stößt die Idee allerdings bei vielen eher auf Zorn und Ablehnung, da sie nicht geeignet sei, die Dimensionen des Bösen, mit denen wir konfrontiert sind, zu erfassen. C. G. Jung hat sich besonders abfällig darüber geäußert [37].

Allerdings scheint er dieses Konzept nicht ganz richtig erfaßt zu haben. Der Mangel ist eine *Wirklichkeit,* die schrecklich genug ist, um begründen zu können, was z. B. Jung in seiner therapeutischen Praxis in den Seelen der Menschen entdeckt hat.[38] Auch für Juliana heißt das Verstehen des Bösen als *privatio* nicht, daß man über die schreckliche Wirklichkeit einfach hinweggehen kann. In Kapitel 78 sagt sie: „Denn unsere Sünde ist so schlimm und schrecklich, daß er in seiner Güte sie uns im Licht seiner Gnade zeigen will." Doch auch hier sieht Juliana die einzig mögliche Lösung des Problems darin, daß sie, während eine mögliche endgültige Erklärung der Natur der Sünde offen bleibt, sagt, zum einen berge das Blut Christi die Kraft, die Sünde fortzuwaschen (12), und zum anderen seien die Versuchungen des Teufels nur geduldet.

Die Argumentation läuft wie folgt: wenn Gott „alles tut" und Gott ewig und allwissend ist, dann kann sich nichts seiner Herrschaft entziehen. Bereits im elften Kapitel findet sich die Erkenntnis: „Und ich erkannte in Wahrheit, daß nichts durch Zufall oder von ungefähr geschieht, sondern alles durch Gottes Weisheit, von der ich zuvor gesprochen habe. Unsere Blindheit und Kurzsichtigkeit ist die Ursache, wenn uns etwas durch Zufall oder von ungefähr zu geschehen scheint. Denn jene Dinge, die in der Weisheit Gottes sind, sind ohne Anfang, und er führt sie recht und herrlich allzeit zum besten Ende. Und unser scheint es Torheit, daß es sich plötzlich ereignet. So sagen wir in unserer Blindheit und Kurzsichtigkeit, daß diese Dinge durch Zufall oder von ungefähr geschehen."

Im fünfzehnten Kapitel (nach einer widersprüchlichen Erfahrung von geistlichem Frieden und „Überdruß" ihrer selbst) wird sie dann belehrt, daß Gott „uns ebenso sicher behütet im Schmerz wie im Glück ... beides geschieht aus der nämlichen Liebe." Hier stoßen wir zum ersten Mal auf Julianas Lehre von der Vorsehung. Wir werden noch sehen, daß diese ein integraler Bestandteil des Ganzen ist. Hier muß ein Zug von Julianas Denkweise, der sich in ihrer gesamten Lehre nachweisen läßt, erwähnt werden: Immer hält sie sich zuerst die Perspektive der Ewigkeit, „die ohne Anfang ist", das *nunc stans,* das ewige Jetzt von Gottes Leben vor Augen, und zum zweiten dann, wie sich Gottes Pläne *ad extra,* innerhalb der Zeit, „wie sie dann geschehen", entfalten.

In diesem Zusammenhang ist die Beobachtung Christa Mulacks über die personifizierte, weibliche Figur der Weisheit in den Weisheitsbüchern des Alten Testaments interessant, mit denen wir uns auch später noch beschäftigen müssen. Sie schreibt: „... denn so realistisch sich die Weisheit mit der unmittelbaren Gegenwart befaßt, so ist doch auch ihre Tendenz, von der Ewigkeit her und zur Ewigkeit hin zu denken, unverkennbar." [39]

Christa Mulack betrachtet diese Polarität als ein Charakteristikum des weiblichen Bewußtseins. Auch wenn sich Juliana hier, zu Beginn ihres Buches, mit der großen Problematik um die Letzten Dinge noch so weitgehend und tief auseinandersetzt, so bleibt ihr Hauptinteresse doch bei der praktischen Frage, wie man als ein Mensch, der „Christus liebt", „für den Dienst an Gott" leben kann. Im achtzehnten Kapitel findet sich ein Gedanke, der erst später entwickelt wird und seine volle Bedeutung erhält. Juliana sagt: „Ich schaute eine Substanz gütiger (,kind') Liebe, vollendet durch die Gnade, die die Geschöpfe vor ihm besitzen." Für Juliana heißt ,kind' soviel wie ,natürlich'. Und dies bedeutet, daß im Geschöpf eine zu seinem Wesen gehörende Ausrichtung auf Christus zu finden ist, ein Ausgerichtetsein auf den Einen, durch den alles geschaffen wurde, als das Ziel, nach dem alles, gemäß der eigenen Natur und soweit diese es erlaubt, strebt. Beim Menschen wird diese Ausrichtung „durch die Gnade vollendet" (18), d. h., die Gnade baut im tiefsten Sinn auf der Natur auf. Für Juliana ist dies in Maria, der Mutter Jesu, am vollkommensten verwirklicht, da in ihr die natürliche Mutterliebe zu ihrem Sohn verbunden und verschmolzen ist mit der Liebe der Gottesgebärerin, der *theotokos,* zum fleischgewordenen Wort: *quem genuit, adoravit* – sie betet als Gott an, den sie hervorgebracht hat[40]. Die Verbindung zwischen Christus und seiner Mutter wird demnach in ihrer Würde und Vollkommenheit als einzigartig erkannt, sie ist aber auch das Beispiel für die Verbindung Christi mit der ganzen erlösten Menschheit: „Da erkannte ich, daß eine innige Vereinigung ist zwischen Christus und uns. Denn als er in der Qual war, waren auch wir in Qual" (18). An dieser Verbindung hat die ganze Schöpfung teil: „... und alle Geschöpfe, die Schmerz leiden konnten, litten mit ihm, das heißt alle Kreaturen, die Gott geschaffen hat, uns zu dienen. Das Firmament und die Erde wollten vergehen vor Kummer zur Zeit, da Christus starb. Denn es gehört sich, daß sie ihn als ihren Herrn anerkennen, in dem all ihre Kraft gegründet ist" (18).

Man kann das als dichterischen Höhenflug abtun, man kann es aber auch im Licht des Versprechens des Paulus in Röm 8, 19 ff. lesen. Hier äußert er offensichtlich eine ähnliche Auffassung über die Einbezogenheit der ganzen Schöpfung in das Los der Menschheit. Man ist darüber hinaus auch erinnert an den Satz des heiligen Ambrosius: „Resurrexit in eo mundus, resurrexit in eo caelum, resurrexit in eo terra ... – Die ganze Welt erstand mit ihm, der Himmel erstand mit ihm und auch die Erde ..."[41] Juliana bleibt in vollem Einklang mit ihrer früheren Behauptung, wonach „in der Menschheit, die gerettet werden soll, alles beschlossen ist" (9). Einmal mehr bestimmt sich ihre Sicht der Dinge *sub specie aeternitatis,* aus dem Blickwinkel der Ewigkeit. Es war Gott, der in Christus in der Passion gelitten hat, Gottes Leben aber ist ewig, jenseits des Zeitablaufs, und so gesehen ist es wahr, wenn wir sagen, daß wir mit ihm litten, da wir auch damals „in ihm" waren. (Später wird sie sagen, daß die Seele Christi in seiner Person das Wesen aller, für die er starb, „enthielt".) Noch mehr: Obwohl Christus nun „auferstanden und nicht mehr leidend" ist (20), so „leidet er doch mit uns", weil Passion und Kreuz gleichermaßen gemeinsam mit der ganzen Geschichte gegenwärtig sind in Gottes stets gegenwärtigem Jetzt. Für Christus, der, „wenn (er) ... mehr hätte leiden können, ... gern mehr gelitten hätte" (22), sind demnach alle, die er erlöst hat, durch die Gabe seines Vaters „seine Seligkeit, sein Lohn, seine Ehre und seine Krone" (22).

Der erste Gedankengang Julianas endet hier in gewisser Vollständigkeit. Im Ansatz finden sich hier alle wichtigen Themen. Wir fassen zusammen:

a) Die göttliche Liebe, die die ganze Schöpfung erhält, wird gesehen als Überfließen der göttlichen Güte.

b) Diese göttliche Güte teilt sich selbst an die geschaffenen Dinge mit, erschafft alles, tut alles.

c) Der in Gottes Bild erschaffene Mensch „faßt" den Rest der Schöpfung „zusammen".

d) Wenn Gott alles tut, dann ist alles, was getan wird, gut, und die „Sünde ist nichts Getanes", und Gottes Vorsehung umschließt alles.

e) Wenn der Mensch die ganze Schöpfung in sich zusammenfaßt, dann wird er hineingenommen, vereint in Christus, durch den alles geschaffen wurde und „neu geschaffen" im Erlösungsakt am Kreuz.

In den Kapiteln 24–32 werden die grundsätzlichen Ideen noch einmal in Erinnerung gerufen. Die zehnte Offenbarung zeigt das zerrissene Herz Christi, das Symbol allumfassender und ewiger Liebe, „um so die arme Seele zu stärken, damit sie die ewige Liebe begreife, die ohne Anfang war und ist und immer sein wird" (24). Dieses Mal versichert ihr der Herr selbst, daß er alles ist: „Ich bin es. Ich bin es, ich es, der der Höchste ist; ich bin es, der alles ist" (24).

Wieder taucht das Problem der Sünde auf. Der Herr teilt ihr nun mit, daß in seinem Vorsehungsplan auch der Sünde eine Rolle zukommt: „Die Sünde hat einen guten Sinn; alles soll wahrlich gut sein, und jegliches Ding wird gut sein" (27). Doch findet Juliana keinen Grund, ihr früheres Verständnis der Sünde als Mangel an Gutem aufzugeben. Sie wiederholt: „Ich sah nichts von Sünde, und ich glaube, Sünde ist keine Substanz und nichts Seiendes." Die Sünde wird nur durch den Schmerz erkannt. Dadurch verliert das Bild vom Leid und vom Bösen jedoch nicht an Ausdruckskraft: „... denn Gottes Diener und die heilige Kirche sollen gerüttelt werden in Sorge und Angst und Drangsal in dieser Welt, so wie man ein Gewand im Wind schüttelt" (28). Es darf solche Drangsal geben, weil „dem Prunk, dem Stolz und dem vergänglichen Ruhm dieses elenden Lebens" nicht gestattet sein soll, die Nachfolger Christi von ihrem Ziel abzubringen. Drangsal kann die Macht des Bösen in der menschlichen Seele und auch außerhalb dieser brechen: „Ich will euch gänzlich losmachen von euren vergänglichen Neigungen und eurem bösen Stolz, und danach werde ich euch sammeln ..." (28) Sie sieht die Sünde Adams als die Sünde an, die in ihren weitreichenden Folgen am schädlichsten war, doch die „herrliche Sühnetat", das „Gutmachen", „gefällt der heiligen Gottheit mehr ... als je Adams Sünde verderblich war" (29). Wenn Gott den größten Schaden, der je geschah, wiedergutgemacht hat, so beweist dies für Juliana, daß er auch allen geringeren Schaden wieder richten kann und wird. Erneut schaut Juliana Christus und seine Glieder so untrennbar im Leiden verbunden, wie sie in der kommenden Herrlichkeit verbunden sein werden: „Denn als unser Haupt ist Christus zur Herrlichkeit erhoben, und kein Leiden kann ihn anrühren. Aber sein Leib, mit dem all seine Glieder verknüpft sind, ist noch nicht völlig verklärt und noch von Leiden bedroht ..." (31). So bleibt derselbe „Durst", den Christus am Kreuz verspürte, den Juliana so schön als „Liebes-Verlangen" (,love-longing') beschreibt, erhalten (,das empfindet er auch jetzt"), bis alle, die ihn lieben, mit ihm in endgültiger Vereinigung verbunden sind. Hier ist die Lehre Julianas über die Einheit Christi und der Christen (noch „auf dem Weg", doch dann „im Vaterland") eindeutig mit ihren Einsichten über die göttliche Vorsehung verschmolzen: „So hat er Erbarmen und Mitleid mit uns, und er sehnt sich danach, uns sein eigen zu nennen; aber seine Weisheit und Liebe lassen nicht unsere Vereinigung mit ihm zu, ehe denn die Zeit erfüllt ist" (31).

Sie deutet hier eine „große Tat" Gottes an, durch die er „sein Wort in jeglichem Ding bewahren" wird. Was diese „große Tat" ist, ist allerdings nicht zu sagen. Wie kann also Gottes Wort in einem jeglichen Ding bewahrt bleiben? Dieses Problem verfolgt Juliana: „Da dünkte mich nun, daß unmöglich alles gut werden könnte" (32). Gott antwortet ihr darauf nur dies: „Das, was dir unmöglich ist, ist mir nicht unmöglich", „nimmer sollen wir deshalb zu wissen begehren, was für eine Tat es sein wird" (33).

Juliana macht nun eine Unterscheidung, eine weitere Einschränkung, bei der sich ihre doppelte Perspektive für eine Lösung als hilfreich erweist: „... als ich sah, daß Gott alles tut, was geschieht, sah ich nichts von Sünde, und ich sah, daß alles gut ist; aber als Gott mir etwas über die Sünde offenbarte, sprach er: ‚Alles wird gut werden'" (34). Aus der Sicht von Gottes Ewigkeit, in der die endgültige Vereinigung schon Gegenwart ist, *ist* also alles schon gut, doch muß diese Vereinigung noch im Lauf der Zeit stattfinden, also *wird*, aus diesem Blickwinkel gesehen, noch alles gut. Diese Unterscheidung zwischen dem, was Gott absolut will, und dem, was er frei zuläßt, wirft ein neues Licht auf Julianas Problem: „Zwar ist nicht das Böse an sich würdig; aber daß unser Herr es zuläßt, das ist würdig ..." (35). Während er dies zuläßt, ist gleichzeitig seine Barmherzigkeit am Werk: „Und Barmherzigkeit wird wirken, solange Gott zuläßt, daß die Sünde den Gerechten zusetzt. Danach wird auch das Wirken der Gnade aufhören" (35). Diejenigen, die zur Erlösung bestimmt sind (selbst wenn sie in Sünden befangen sind), sind liebevoll von unserem „gütigen (‚courteous') Herrn" gehalten. Nach Vergebung und Heilung werden die Wunden der Sünde nicht mehr als „Wunden angesehen werden, sondern als Ehrenzeichen" (39), denn die Seele, der vergeben wurde, die neu gemacht wurde, ist ein Siegeszeichen des Erbarmens Gottes, das beständig wirkt bis zum Ende. Nun begegnen wir wieder Julianas gesundem Menschenverstand: Damit niemand ihre Lehren als Aufforderung zur Sünde, nach dem Motto *pecca fortiter* mißversteht, warnt sie: Wenn der Herr auch reich an Erbarmen gegenüber allen, die ihn anrufen, ist, so bleibt er doch „unser gütiger Herr", dessen Liebe nicht verspottet werden darf. Sollte jemand nun sagen: „Wenn dies wahr ist, dann wäre es gut zu sündigen, um desto mehr Belohnung zu erlangen oder doch sich weniger der Sünde wegen zu kümmern, so sage ich: Hüte dich vor dieser Regung!... Und mein Gefühl sagt mir: je mehr jede fromme Seele dies in Gottes freundlicher Liebe erkennt, desto mehr erscheint es ihr verabscheuenswürdig zu sündigen, und desto mehr schämt sie sich darüber" (40).

Es folgen Belehrungen über das Gebet. Auch dieses, so sieht Juliana, erwächst aus solchen Überlegungen. Schon zuvor, im sechsten Kapitel, hatte sie gesehen, daß das beste Gebet darin besteht, sich treu an die Güte Gottes zu halten. Nun belehrt sie der Herr: „Ich bin der Grund deines Suchens. Es ist von Anfang an mein Wille, daß du erlangst, was du suchst; und da ich diesen Willen in dir erweckt und ich dieses Suchen in dir wach werden ließ und du suchst danach, wie könnte es dann zugehen, daß du nicht das erlangst, was du suchest?" (41). Juliana denkt hier ihre ursprüngliche Erkenntnis weiter, daß Gott der alles umfassende Grund ist, „denn unser Herr tut alles" (11). Sie sieht das ‚rechte' Gebet, das Bitten um Erbarmen und Gnade, als durch Gott „von Ewigkeit her bestimmt" an. Da sie erkannt hat, daß das Gute in allen Dingen aus Gott selbst kommt, ist also nicht „unser Suchen der Grund für die Güte und Gnade". Vielmehr ist Gott selbst der Grund für unser Suchen. Aus diesem Verständnis erwächst ihre weitere Lehre vom Gebet. Sie ist tief vertraut mit dem theologischen Prinzip, daß Gott das vernunftbegabte Geschöpf zum Handeln bewege, und dadurch der freie Wille nicht zerstört werde, sondern erst *durch* ihn möglich werde. Dies ist für Juliana eine Quelle des Vertrauens und des Trostes, denn „er gibt in unser Herz, daß wir um das bitten, was er gern tun will" (43), und „sicherlich kann niemand von selbst um Barmherzigkeit und Gnade bitten, wenn ihm nicht Barmherzigkeit und Gnade zuvor gegeben sind" (42). Aus demselben Vertrauen findet sie ihre Lösung für das klassische Problem des scheinbar nicht erhörten Gebets: „Denn ich bin gewiß, unser Herr will, daß wir nur eine bessere Zeit erwarten oder mehr Gnade oder eine bessere Gabe."

Juliana spricht aber auch von den höheren Formen des Betens, jenem „hohen, unhörbaren Gebet", in dem „wir nur das erbitten können, was er uns selbst eingibt" (43).

In Stunden der Unruhe freilich soll das Gebet standhaft weitergeführt werden, um die Seele „fügsam und gehorsam vor Gott" zu machen. „Aber", so Juliane, „die Seele kann durch kein Gebet Gottes Willen ihrem Willen fügsam machen, denn Gott ist sich immer gleich in seiner Liebe zu uns." Was sie hier sagt, erinnert an Meister Eckhart: „Gott ist allzeit bereit, *wir* aber sind unbereit; Gott ist uns ‚nahe‘ *wir* aber sind draußen; Gott ist (in uns) daheim, wir aber sind in der Fremde."[42]

Ob unser Gebetsleben gut oder schlecht ist (oder scheint), wir sollen uns im Gebet freuen auf die Zeit, wenn wir „traut und vollkommen Gott von Angesicht zu Angesicht sehen" (43). Trotz alledem wächst in Juliana während dieser ersten fünfzig Kapitel ein Zwiespalt. Vom Gesichtspunkt jener vollkommenen und endgültigen Vereinigung aus gesehen, die in der Ewigkeit Gottes schon gegenwärtig ist, „ehrt der Mensch immer mehr und dauernd und unbegrenzt Gott, indem er nach Gottes Willen tut" (44). Es heißt: „In Gott ist kein Zorn, auch nicht für eine kurze Zeit" (49), doch finden wir auch: „Mich dünkt, ich müßte in all diesem sehen und erkennen, daß wir Sünder sind und viel Böses tun, das wir lieber nicht tun sollten, und manche gute Tat ungetan lassen, die wir tun sollten. Daher verdienen wir Strafe, Tadel und Zorn" (46).

Juliana ringt mit dem Problem, wie diese beiden Wirklichkeiten miteinander zu versöhnen sind, sie unterscheidet dabei im Menschen zweierlei: einmal ein „eigentliches Wesen" (‚substance‘), das „in Gott ist und da gewesen, seitdem es erschaffen war, und ewig da sein wird" (46). Dann aber ist der Mensch auch „sinnliche Wahrnehmung" (‚sensuality‘): das Wesen, das „einer fleischlichen Natur verhaftet und durch sie bestimmt ist" (49). Doch damit ist sie noch nicht zufrieden. Wie soll sie diese beiden Urteile über den Menschen miteinander in Einklang bringen? „Gott selbst zeigte mir das höhere Urteil, und ich mußte es aufnehmen" (45). Da sie vom göttlichen Ursprung ihrer Offenbarungen überzeugt ist, muß sie auch annehmen, was diese aussagen. Andererseits verlangt aber auch das „andere Urteil" ihre Anerkennung, das die Kirche lehrt und wonach „Sünder manchmal Tadel und Zorn verdienen".

Zudem drängen sie die Offenbarungen selbst zu völliger Loyalität gegenüber den allgemeinen Lehren der Kirche: „... denn die Offenbarung machte mich ihr in keiner Weise abwendig, sondern sie lehrte mich, sie zu lieben und Wohlgefallen daran zu haben" (46). Die Spannung in Julianas Geist steigert sich, bis sie „innerlich mit aller Kraft schrie und bei Gott Hilfe suchte" (50). Diese Hilfe wurde ihr durch ein „wunderbares Gleichnis" zuteil, die erweiterte ‚Parabel' vom Herrn, der einen Diener hatte.

2. Das Herr-Diener-Gleichnis

Wir hören zweimal, daß dieses Gleichnis ihr „nur dunkel" gezeigt wurde. Wenn wir Roger Hudleston folgen, bezieht sich der Ausdruck „dunkel" nicht auf Klarheit der Vision, sondern auf die Schwierigkeit, deren Bedeutung zu erkennen"[43]. Das „wundervolle Beispiel" ist zwar erhellend genug, um daraus die Lehre von der Mütterlichkeit zu entwickeln; das restliche Buch muß in seinem Licht gelesen werden. Doch Juliana weist warnend darauf hin, daß es nicht ausreiche, in unserem eigenen Verstand die beiden „Urteile" miteinander auszusöhnen. Dies ist verständlich, denn hier begibt sie sich in den Bereich der letzten Geheimnisse. Hier findet sich, um mit Anselm zu sprechen, *fides quaerens intellectum,* Glaube, der nach Verstehen sucht; es ist der außerordentlich tiefe Glaube in einer Frau von großer spekulativer und kontemplativer Begabung. Dennoch: „Ich erkannte und begriff, daß jede Vision voller verborgener Eigenheiten bleibt."

Juliana erklärt, daß das Gleichnis ihr „zweifach" gezeigt wurde: einmal wurde es ihr „geistig, in körperlichem An-

blick", ein anderes Mal geistig, „ohne körperlichen Anblick" gezeigt (51). In der ersten Schau[44] sah sie zwei
Personen von „äußerlicher Ähnlichkeit", einen Herrn und
einen Diener (51). Diese Schau wird ergänzt durch „geisti-
ges Verstehen": „Der Herr sitzt feierlich in Ruhe und Frieden, der Diener steht ehrfurchtsvoll vor einem Herrn,
bereit, dessen Willen zu tun. Liebevoll blickt der Herr auf
den Diener, sanft und behutsam schickt er ihn an einen bestimmten Ort, damit er dort seinen Willen ausführt. Der
Diener geht nicht bloß, sondern er eilt plötzlich voll großer
Hast, um aus Liebe des Herrn Willen zu tun. Und sogleich
fällt er einen Abhang hinunter und verletzt sich schwer. Da
seufzt und stöhnt er, er dreht und wälzt sich, aber er kann
weder aufstehen noch sich sonst in irgendeiner Weise hel-
fen" (51). Es gibt viele Hinweise darauf, daß es sich hier um
eine Allegorie von der Sendung der zweiten göttlichen Person handelt.[45] Es finden sich Hinweise auf mehrere biblische Motive. Zu denken ist etwa an das Bild vom
Gottesknecht in Jes 53, aber auch der Abschnitt im zehnten
Kapitel des Hebräerbriefes klingt an, in dem der Autor Ps
39,7–9 auf Christus bezieht: „Da sagte ich: Ja, ich komme –
so steht es über mich in der Schriftrolle –, um deinen Willen, Gott, zu tun." Und der Vers Weish 18,14–15, der als
Magnifikatantiphon in der Weihnachtszeit verwendet wird
lautet: „Als tiefes Schweigen das All umfing und die Nacht
bis zur Mitte gelangt war, da sprang dein allmächtiges Wort
vom Himmel, vom königlichen Thron herab." Andere Elemente der Parabel widersprechen allerdings dieser Interpretation. Was dagegen spricht, ist z. B. die Hilflosigkeit, die
am Ende des Zitats geschildert wird. Sie wird durch den folgenden Abschnitt noch unterstrichen, wo es heißt: „er
konnte bis auf einmal sein Gesicht nicht wenden, um seinen liebenden Herrn anzublicken, wie einer, der schwach
und töricht ist" (51).

Julianas Christologie steht in der Tradition und scheint eine Identifizierung des Dieners mit der Person Christi nicht zu erlauben. Die traditionelle Theologie hat stets darauf insistiert, daß Christus während seines ganzen Erdenlebens Gott schaute. Damit sollte jedoch nicht ausgeschlossen werden, daß er alle menschlichen Fähigkeiten, auch die zu leiden, besaß.[46] An anderen Stellen wird deutlich, daß Juliana diese Lehre kannte: „Da er Gott ist, ist er selbst die höchste Seligkeit und war es vor allem Anfang und wird es ohne Ende sein. Diese wahre ewige Seligkeit kann nie in sich selbst erhöht oder verringert werden" (31).

In diesem Zusammenhang soll eine für unseren Kontext aufschlußreiche Passage aus dem Werk Meister Eckharts zum Vergleich herangezogen werden, da dieser rheinische Mystiker Juliana beeinflußt haben könnte: „Auch er (d. h. der Herr) hatte oberste und niederste Kräfte, und die hatten auch zweierlei Werk: seine obersten Kräfte waren im Besitz und Genuß ewiger Seligkeit, die niedersten aber befanden sich zur selben Stunde im größten Leiden und Kämpfen auf Erden, und keines dieser Werke behinderte das andere in seinem Bereich."[47]

Juliana zählt im nächsten Abschnitt die „sieben großen Leiden" des Dieners auf. „Das erste Leiden war die Wunde, die er sich beim Fall zuzog und die ihm fühlbaren Schmerz bereitete; das zweite war die Schwere seines Körpers; das dritte war die aus den beiden ersten folgende Schwäche; das vierte, daß sein Verstand verdunkelt war und sein Geist betäubt, so daß er seine Liebe fast vergaß; das fünfte war, daß er nicht aufstehen konnte; das sechste war mir am verwunderlichsten, er lag nämlich ganz allein. Ich schaute und blickte überall hin, und weder von fern noch von nah, nicht von oben noch von unten konnte ich Hilfe für ihn kommen sehen; das siebte war, daß der Ort, an dem er lag, hart und schmerzvoll war (51).

Es scheint, als sei hier der gefallene Mensch und seine Nachkommen geschildert. Allerdings kann Juliana an diesem Diener keinen Fehl finden, sie kann ihm auch keine Schuld zuweisen: „Allein sein guter Wille und sein großer Eifer waren die Ursache seines Fallens", so schreibt sie. Und so kann man wohl diesen Abschnitt schlecht auf Adam beziehen.[48]

Juliana fährt fort: Ich „schaute sorgfältig, um zu erfahren, ob ich in ihm einen Fehler entdecken könnte oder ob der Herr ihm Schuld zuweisen würde. Und wahrlich, keine wurde gefunden, denn nur sein guter Wille und sein großer Eifer waren die Ursache seines Fallens." Im „ersten Gesicht" sieht sie, wie der liebevolle Herr den Diener sanft anblickt: „mit großem Erbarmen und Mitleid" (51). Im anderen Gesicht – „einem anderen, innerlicheren, geistigeren" – sieht sie, wie der Herr frohlockt über die „ehrenvolle Ruhe und Erhabenheit, die er dem Diener in seiner reichen Gnade gewähren will und gewähren wird" (51). Das erste Gesicht weist also auf das „Erbarmen und Mitleid" von Kapitel 48, wo sie zum ersten Mal ausdrücklich von Mütterlichkeit spricht: „Das Erbarmen ist eine Eigenschaft des Mitleids und gehört in inniger Liebe zur Mütterlichkeit": Das andere, „geistigere" Gesicht führt sie dann bis an die Grenze des Verstehens der endgültigen Vereinigung aller Dinge, der „ehrenvollen Ruhe und Erhabenheit" (51), die für uns noch aussteht, in der Ewigkeit Gottes aber schon gegenwärtig ist.

Die Allegorie geht noch einen Schritt weiter: „Dann sprach der gütige Herr gemäß seinem Plan: ‚Seht, seht, mein geliebter Diener, welchen Schaden, welche Krankheit hat er auf sich genommen in meinem Dienst, aus Liebe zu mir – ja, und aus seinem guten Willen heraus. Ist es nicht recht, daß ich ihn für seinen Schrecken und seine Angst, seine Verletzung, seine Versehrung und all sein Weh belohne?

Und nicht nur das, sondern steht es mir nicht an, ihm ein Geschenk zu geben, das für ihn besser sein soll und ehrenvoller, als es seine Gesundheit gewesen wäre?'" (51). Hier klingt das „felix culpa! O certe necessarium Adae peccatum – O glückliche Schuld, o wahrhaft notwendige Sünde Adams" aus der Osterliturgie an. Dieser Text spricht von der menschlichen Schuld angesichts der göttlichen Liebe, die den Menschen wunderbar erschuf und ihn auf noch wunderbarere Weise zu neuem Heil führte, indem sie aus Bösem Gutes werden ließ. Diese sehr tiefen Erwägungen sind die Basis für Julianas Grundhaltung der Zuversicht.

Obgleich sie von der Vision fasziniert ist, die eine Antwort auf ihr Sehnen zu sein scheint, teilt sie doch mit uns eine gewisse Verwirrung: „. . . denn im Knecht, der wohl für Adam stehen sollte, sah ich doch manches, das keineswegs dem einen Adam zugeschrieben werden kann". Wir werden also erneut gewarnt: es wird keine vollkommene Antwort geben, ja es kann keine geben. Die Vision lädt zwar zur Betrachtung ein, öffnet sich aber keinem völligen Verstehen. Doch nun erklärt Juliana, daß sie aus drei verschiedenen Quellen zu einem gewissen Verständnis kam: erstens nämlich aus dem „Anfang einer Belehrung", den sie gleichzeitig mit der Vision erfuhr, zweitens aus dem darauffolgenden „innerlichen Lernen", und drittens aus der Offenbarung als Ganzer, also aus dem gesamten Buch. Dies ist ein deutlicher Hinweis darauf, daß man ihr Werk als organisches Ganzes lesen *muß*). Juliana teilt uns mit, daß sie zwanzig Jahre nach der Vision den inneren Auftrag erhielt, sich alle Einzelheiten des Gesichts zu vergegenwärtigen. Sie begreift nun, daß der Herr, der „feierlich in Ruhe und Frieden . . . saß" (51), Gott ist und der Diener Adam. Sie fügt aber sofort hinzu: „. . . das will sagen, damals wurde mir ein Mann und sein Fallen gezeigt, um so zu verdeutlichen, wie Gott die ganze Menschheit und den Fall sieht. Denn für Gott sind alle

Menschen ein Mensch und ein Mensch ist wie alle Menschen (51)". Man darf Adam also nicht als die Person Adam verstehen, sondern als die eine, solidarische Menschheit. Wie wichtig diese Interpretation ist, wird aus den folgenden Worten deutlich: „Dieser Mensch war in seiner Kraft gebrochen und ganz schwach geworden; und sein Verstand war betäubt, denn er wandte sich ab von der Betrachtung seines Herrn. Doch sein Wille blieb ganz vor Gottes Angesicht, denn ich sah, daß unser Herr seinen Willen lenkte und bejahte. Er selbst aber war vom Erkennen dieses Willens ausgeschlossen und blind ..." (51).

Man würde Julianas Gedankengang verfälschen, wenn man diese Zusammengehörigkeit aller Menschen nicht im Blick hätte und nur abstrakt an ein Individuum dächte, das zu einem ganz bestimmten Zeitpunkt eine Entfremdung von Gott erfährt. Julianas Modell spricht vielmehr von der erlösten Menschheit, die auf dem Weg in die Heimat ist, der Gnade geschenkt wurde, die aber auch immer noch an ihrem Leib die Spuren der Schwäche trägt, die aus dem Fall rührt. In dieser Schwachheit erfährt sie Kraft (2 Kor 12,9). Der Wille des gesamten Körpers der erlösten Menschheit steht „ganz vor Gottes Augen". Denn in der Gott eigenen Schau ist auch das Ende, die Vereinigung, schon jetzt Gegenwart.

Hier zeichnet sich für Juliana die Antwort auf die Frage ab, wie wohl Gott uns sündige Menschen sieht: „Ich erkannte, daß nur das Leiden Schuld zuweist und straft, unser gütiger Herr aber tröstet und macht sich Sorgen." Er „sehnt sich danach, uns die Herrlichkeit zu schenken", und seine Haltung gegenüber uns Menschen wird vom Mitleid bestimmt. Wieder ist die Rede von „Erbarmen und Mitleid" für die Menschheit, die hier und jetzt auf dem Weg ist. „Freude und Herrlichkeit ... wegen seines geliebten Sohnes, der mit dem Vater gleich ist" (51).

Nun beginnt der zweite Teil des Gleichnisses. Juliana erinnert an die erste Szene, in der der Herr den Diener aussendet. Allerdings verschiebt sich nun die Interpretation eindeutig von Adam auf die zweite Person der Trinität: „Ich sah den Herrn in all seinem Staat thronen und den Knecht, der ehrfurchtsvoll vor seinem Herrn stand. Dieser Diener kann zweifach verstanden werden, äußerlich und innerlich. Äußerlich war er als Arbeiter gekleidet, der mit seinen Mühen bald beginnen wird. Und er stand ganz nahe beim Herrn, nicht direkt vor ihm, sondern halb neben ihm zur Linken. Seine Kleidung bestand aus einem weißen Kittel, der aus einem Stück war, alt und beschmutzt ... Innerlich war in ihm eine tiefe Liebe zu erkennen. Diese Liebe, die er für den Herrn empfand, war ganz gleich der Liebe, die der Herr für ihn hatte" (51). Der letzte Satz bezieht sich klar auf die wechselseitige Liebe von Vater und Sohn. Als nächstes wird die Sendung der zweiten göttlichen Person gezeigt: „Und der Diener lief eilend los, aus Liebe und ohne Rücksicht auf sich selbst und was ihm zustoßen konnte, und er lief eilig, den Auftrag des Herrn auszuführen und zu tun, was sein Wille und seine Ehre war. Denn von seiner äußeren Gewandung aus zu schließen war er ein altgedienter Knecht, und gemäß dem Einblick, den ich in das Innere des Herrn wie des Dieners empfing, war er ein neuer Knecht, d. h., er begann mit seiner Arbeit wie einer, der zuvor nie ausgesendet worden war" (51). Die Aufgabe des ausgesandten Dieners besteht darin, „daß er ein Gärtner sein soll, daß er graben und entwässern, sich mühen und schwitzen ..., frische Fluten strömen lassen und edle, reichhaltige Frucht wachsen lassen soll" (51). Hier klingt wieder ein biblisches Motiv an, der Weinberg in den Prophezeiungen von Jes 5 und im Herrengleichnis von den bösen Winzern (Mt 21, 33–44). Der Diener soll den „Schatz in der Erde, den der Herr liebt", also die Menschheit, wiedergewinnen, denn der

Diener hat „in sich endloses Leben und alle Güter" (vgl. Joh 5, 26) bis auf das eine Gut, „jenen Schatz, der in der Erde lag". Denn die Erde und alles, was zu ihr gehört, ist Eigentum des Herrn; doch der Mensch, der jene Freiheit, die das Geschenk Gottes an ihn ist, besitzt, hat sich von Gott abgewendet und ist daher nicht ganz Gottes Eigentum wie die übrige Schöpfung. Doch die entfremdete Menschheit wird noch immer durch die Liebe Gottes am Leben erhalten (vgl. Kap. 5). „Und jener (Schatz) ist (auch) im Herrn in der wunderbaren Tiefe endloser Liebe begründet" (51). Es würde und könnte der Liebe Gottes aber nicht entsprechen, wenn seine eigene Liebe zu den freien Geschöpfen durch den Abfall des Menschen unerwidert bliebe. Diese Liebe verlangt ja nach der Antwort des Geschöpfes, nach einer frei gegebenen Antwort gemäß der gottgeschenkten Natur, denn nur so kann es zur Erfüllung in Glück kommen.

Juliana fährt fort: „... doch nicht alles war zur Ehre des Herrn, bis der Diener es edel bereitet hatte, vor ihn brachte, was in ihm selbst gegenwärtig war (51). Dieser Ausdruck: „in ihm selbst gegenwärtig" wird sich bei der näheren Betrachtung des Gedankens von der „Mutterschaft Christi" als sehr bedeutsam erweisen. Die Erläuterung des Gleichnisses erreicht nun ihren Höhepunkt: „Im Diener ist die zweite Person der Trinität zu begreifen, in ihm ist aber auch Adam, das heißt also die ganze Menschheit, begriffen. Wenn ich also sage ‚der Sohn', heißt das die Gottheit, die dem Vater gleich ist. Wenn ich sage ‚der Diener', heißt das das Menschsein Christi, der der wahre Adam ist. Als Adam fiel, fiel der Sohn Gottes, denn Gottes Sohn kann nicht von Adam getrennt werden, da im Himmel die rechtmäßige Vereinigung bewirkt wurde. (Denn unter Adam verstehe ich die ganze Menschheit). Adam fiel vom Leben in den Tod, in die Tiefe dieser elenden Welt, und danach in die Hölle. Gottes Sohn fiel mit Adam in die Tiefe des Schoßes der Jungfrau, die die schönste der Töchter Adams ist, und dies war sein Ziel: Adam im Himmel und auf der Erde von aller Schuld zu befreien. Und machtvoll holte er ihn aus der Hölle" (51). Der Knecht ist also sowohl Gottes Sohn als auch Adam. Dies ist der Grund für Ähnlichkeiten bei der Schilderung der beiden ‚Sendungen' im Gleichnisbild. Das zweite Gleichnis erhellt das erste, welches Adam, also die Menschheit zeigt. Die Anklänge aus der Heiligen Schrift deuten auf die Einheit zwischen Christus und dem Menschen, der Menschheit. Ebenso findet sich auch keine Schuldzuweisung durch Gott, weil es nicht um den einzelnen Menschen, sondern um den „wahren Adam" (1 Kor 15,45) geht, d.h. um Christus und alle Erlösten, die ihm verbunden sind und festhalten an der Erlösung. Diese besteht von Ewigkeit her und wird vollendet durch Christus, zunächst durch die Menschwerdung, sein Leben und seinen Tod und dann in Leben und Tod eines jeden einzelnen (Röm 8,17, auch 6,3 ff), bis die Zahl erfüllt ist. Es besteht also nach diesem Gleichnis eine „rechte Vereinigung" der zweiten Person und der Menschheit und dieses Band ist durch die Menschwerdung Christi geknüpft. Juliana fährt kühn und klar fort: „Denn die ganze Menschheit, die durch die süße Menschwerdung und das herrliche Leiden Christi gerettet werden soll, ist die Menschheit Christi, und wir alle sind seine Glieder" (51) (vgl. Eph 2,5–6; 4,15–16; 5,30; Kol 1,18). Eine bessere und lebendigere Variation (man ist versucht zu sagen: Entfaltung und Fortsetzung) des paulinischen Gedankens vom Leib Christi, auf den die letzten Worte deutlich anspielen, läßt sich kaum finden. Das Menschsein Christi in hypostatischer Union mit der Göttlichkeit der zweiten Person ist sowohl Band aller einzelnen menschlichen Naturen (also der Menschheit, die in ihm eins wird) wie auch Quelle jener heiligmachenden Gnade, durch die der Leib zustande kommt. Die Gnade, die die

Seele Christi heiligt, wird ausdrücklich als dieselbe Gnade erkannt, die auch die Seelen seiner Glieder heiligt. „Denn Sehnsucht und Trachten der gesamten Menschheit, die errettet werden soll, erschien in Jesus. Denn Jesus ist die gesamte Menschheit, die erlöst werden soll, und alle, die erlöst werden sollen, sind Jesus", und „alle sind das Menschsein Christi", totus Christus, ille et nos.

Nach diesem beeindruckenden Crescendo zeigt Juliana, wie bedeutungsvoll jedes Detail im Gleichnis ist. Das Thronen des Vaters weist auf seine Göttlichkeit, das Stehen des Sohnes auf sein Leiden, die schwere Verletzung durch den Fall ist als die Annahme unserer menschlichen Natur und das daraus folgende Leiden zu verstehen: bis er die „Seele zusammen mit der ganzen Menschheit, derentwegen er ausgesendet worden war, den Händen des Vaters anbefahl" (51). Ihre plötzliche Erleuchtung führt Juliana noch weiter: Christus versammelt sich sein Eigentum aus den äußersten Enden von Raum und Zeit: „An diesem Punkt erwies er zum ersten Mal seine Macht, denn er ging hinab in die Hölle, und als er dort war, erweckte er die große Wurzel in der tiefsten Tiefe, die rechtmäßig mit ihm verbunden war im höchsten Himmel" (51).

Der Herr, der im ersten Teil gezeichnet wurde, als säße er auf der Erde bei den Menschen, wird nicht länger so geschaut, „sondern er thront auf seinem erhabenen Sitz". Und der Sohn steht vor dem Vater, nun nicht länger „schlecht gekleidet", sondern „rechtmäßig reich gekleidet in herrlichem Reichtum". Juliana erklärt, daß „wir seine Krone" seien. Das Gleichniskapitel erreicht einen Schlußakkord jubelnden Friedens, indem Juliana die Gemeinschaft der heiligen Dreifaltigkeit ausführt: „... und der Vater im Sohne, und der Heilige Geist im Vater und im Sohn" (51).

Im Licht dieser weiten Ausblicke, die sich für Juliana

durch die Vision und die Erleuchtung bis hin zum Verstehen ergeben, setzt sie ihre weitere Lehre fort. Im Gedankenentwurf vom Muttersein Christi findet sie zur vollsten und reichsten Ausdrucksmöglichkeit der ihr gegebenen Einsichten: „... die mittlere Person willigte ein, Grund und Haupt dieses edlen Geschlechts zu sein. Aus ihm kommen wir alle, in ihn sind wir alle eingeschlossen, in ihn werden wir alle eingehen und werden unseren vollkommenen Himmel in immerwährender Freude finden" (58).

Hier nun beginnt Juliana, den Gedanken von Christus als unserer Mutter zu entwickeln. Da wir uns vor allem mit diesem Aspekt ihrer Lehre beschäftigen wollen und ihn noch genauer untersuchen werden, sollen an dieser Stelle die Abschnitte, die von der Mütterlichkeit Christi sprechen, aus ihrem jeweiligen Kontext gelöst und zusammenhängend aufgeführt werden, so daß ein Eindruck von der ganzen Idee entstehen kann. Dann wollen wir die wichtigsten Punkte herausgreifen, um in einem Vergleich der Lehre Julianas mit den Gedanken anderer dazu Gemeinsamkeiten und Unterschiede klarer und deutlicher zutage treten zu lassen.

3. Mutterschaftszitate

Die Barmherzigkeit ist eine Eigenschaft, die dem Muttersein in seiner zarten Liebe eigen ist (48).

Da sah ich, daß Gott seine Freude daran hatte, daß er unser Vater ist und unsere Mutter; und Gott freut sich, daß er unser Gemahl ist und unsere Seele sein geliebtes Weib (52).

Die tiefe Weisheit der Dreieinigkeit ist unsere Mutter, in der wir beschlossen sind (54).

In dieser Vereinigung ward er wahrer Mensch; und dadurch verbindet er alle in sich, die da erlöst werden sollen, und ist wahrer Mensch. So ist unsere liebe Frau auch unsere Mutter. In ihr sind wir alle beschlossen und von ihr geboren in Christus; denn sie, die unseres Heilands Mutter ist, ist auch die Mutter aller, die unserm Heiland erlöst sind. Und unser Heiland ist unsere wahre Mutter, in ihm werden wir ewig geboren, in ihm sollen wir immer bleiben (57).

So ist Gott der Allmächtige unser Vater in der Schöpfung. Und der allweise Gott ist unsere Mutter, samt der Liebe und Güte des Heiligen Geistes. Es ist aber alles *ein* Gott und *ein* Herr. Ich schaute das Wirken der heiligen Dreieinigkeit an. Da sah und erkannte ich drei Eigenschaften: der eine Gott ist Vater und Mutter und Herr. Unser Vater, der Allmächtige, ist unser Schutz und unsere Seligkeit, und er hat das Göttliche in uns geschaffen vor allem Anfang. Die zweite Person erhält uns in Verstand und Weisheit, richtet uns wieder auf und erlöst uns; denn er ist unsere Mutter, unser Bruder und Heiland. Und unser guter Herr, der heilige Geist, belohnt und beschenkt uns für unser mühevolles Leben, und in seiner wunderbaren Freundlichkeit und erhabenen reichlichen Gnade gibt er uns so viel, daß es all unsere Wünsche übersteigt. In einem Dreifachen ist unser Leben gegründet. Von der Schöpfung haben wir unser Sein, durch Barmherzigkeit gedeihen wir, und durch Gnade werden wir vollkommen.

Da sah und erkannte ich, daß die hehre Macht der Dreieinigkeit unser Vater ist und die tiefe Weisheit der Dreieinigkeit unsere Mutter und die große Liebe der Dreieinigkeit unser Herr. So ist es durch unsere Erschaffung nach dem wesenhaften Sein. Ferner sah ich, daß die zweite Person, unsere Mutter nach dem geistigen Wesen, es auch nach der sinnenfälligen (d. h. irdische M. C.) Erscheinung geworden ist. Denn Gott gab uns bei der Schöpfung dies Zweifache: Wesenhaftes und Sinnenfälliges. Unser Wesenhaftes, unseren höchsten Teil, haben wir in unserem Vater, dem Allmächtigen; aber die zweite Person der Dreieinigkeit, die unsere Mutter schon dem geistigen Wesen der Natur nach ist, ist auch unsere Mutter nach dem sinnenfälligen Teil aus Barmherzigkeit, indem sie unsere sinnenfällige Gestalt annahm. Diese unsere Mutter, Christus, offenbart sich uns in mancherlei Wirken: in ihm gedeihen und wachsen wir, aus Barmherzigkeit macht er uns wieder gut, und durch die Kraft seines Leidens, Sterbens und seiner Auferstehung vereinigt er uns mit unserem göttlichen Urquell. Solches tut unsere Mutter aus Barmherzigkeit an allen ihren lieben Kindern, die folgsam und ihr gehorsam sind. Und Gnade wirkt zusammen mit Barmherzigkeit, namentlich in zwei Eigenschaften, wie gezeigt ist, und das wirkt die dritte Person, der Heilige Geist. Er gibt auch den Lohn. Die Belohnung ist eine Gabe des Vertrauens, und der Herr gibt sie denen, die gearbeitet haben. Dieses Schenken geschieht aus Güte, und er tut es freiwillig aus Gnade und gibt seinen Geschöpfen weit mehr, als sie verdienen. So haben wir unser Sein in unserem Vater – Gott, dem Allmächtigen. Und in Jesus Christus, der aus Barmherzigkeit unsere Mutter ist, werden wir erneut und wiedergutgemacht. In ihm sind wir alle vereint, in ihm werden wir zu Gerechten gemacht. Der heilige Geist aber in seiner Gnade schenkt uns, daß wir vollkommen gemacht werden. Der göttliche Kern unseres Wesens ist in unserem Vater, Gott, dem Allmächtigen; er ist in unserer Mutter, Gott, dem Allweisen; und er ist in unserem Herrn, Gott dem heiligen Geist, dem Allgütigen. Denn dies unser eigentliches Wesen ist ganz und gar ungeteilt in jeder Person der Dreieinigkeit, die *ein* Gott ist. Unsere Menschlichkeit aber ist nur in der zweiten Person, Christo Jesu, in dem der Vater und der heilige Geist sind. In ihm und durch ihn werden wir kräftiglich der Hölle entrissen und dem Elend der Erde, und wir werden herrlich hinaufgebracht in den Himmel und in Gnaden vereint mit dem Göttlichen, aus dem wir entstanden sind. Und so nehmen wir zu an den edlen Gütern durch die Kraft Christi und durch die Gnade und das Wirken des Heiligen Geistes (58).

Jesus Christus ist es, der den Kampf des Guten mit dem Bösen führte, und so ist er unsere wahre Mutter. In ihm haben wir unser Leben. Er ist der Grund aller Mütterlichkeit, und er bewahrt uns holdselig in seiner Liebe. So wahr also Gott unser Vater ist, so wahr ist Gott auch unsere Mutter. Das offenbarte er in allem, und namentlich in diesen holden Worten: „Ich bin es", das heißt: „Ich bin die Macht und Güte des Vaters, ich bin die Weisheit und Milde der Mutter, ich bin das Licht und die Gnade, die heilige Liebe; ich bin die Dreieinigkeit; ich bin die Einheit; ich bin die hohe, herrliche, allumfassende Güte"; ... So ist Jesus unsere wahre Mutter in unserer Erschaffung, und er ist unsere Mutter durch die Gnade; denn er nahm unsere Natur an. All das edle Wirken und all die süßen mütterlichen Dienste sind der zweiten Person eigen. In ihr lebt ewig der vollkommene Wille zum Guten, der Natur nach und durch Gnade. Die Mütterlichkeit Gottes zeigt sich in einem Dreifachen: Erstens: Gott ist der Grund unserer Erschaffung; zweitens: Gott nimmt unsere Gestalt an: hier beginnt die mütterliche Gnade; drittens: Gott wirkt ewiglich, und er fördert alles durch seine Gnade weit und breit, in der Höhe und in der Tiefe, und alles geschieht aus *einer* großen Liebe (59).

Doch nun soll ich nach Gottes Willen etwas mehr sagen über die Ausbreitung des göttlichen Wirkens: wie wir durch die mütterliche Barmherzigkeit und Gnade wieder zu unsrer wahren Heimat kommen, zu der Stätte, zu der wir durch die mütterliche freundliche Liebe bestimmt sind, die uns niemals verläßt. Gott ist unsere gütige Mutter, unsere gnädige Mutter – in allem wollte er unsere Mutter sein. Er legte den Grund zu seinem Werk, als er voller Demut und

Milde in der Jungfrau Leib einging. Das offenbarte er, als er mir den Anblick der demütigen schlichten Jungfrau bei der Empfängnis gewährte. Unser erhabener Gott in seiner herrlichen Allweisheit ließ ihn herabsteigen in diese Niedrigkeit und tat ihn an mit unserem armen Fleisch, damit er in Mütterlichkeit uns diene in allen Dingen. Der Dienst einer Mutter aber ist der nächstliegende und geschieht am bereitwilligsten und gewissesten.

Er ist der Nächste, weil er der natürlichste ist, der bereitwilligste, weil es aus der größten Liebe geschieht, und der gewisseste, weil auf ihn der meiste Verlaß ist. Diese Aufgabe kann niemand so vollkommen tun als er allein. Wissen wir denn nicht, daß unsere Mütter uns gebären, damit wir leiden und sterben? Aber so ist es nicht bei unserer wahren Mutter Jesu. Er allein gebiert uns zur Freude und zum ewigen Leben. Gesegnet sei er! (So trägt er uns in sich in Liebe und Geburtswehen), bis zur Erfüllung der Zeit, da er unter den schärfsten Dornen und den schlimmsten Schmerzen litt, die es jemals gab und je geben wird, und schließlich starb. Und als er das vollbracht und uns so zur Seligkeit geboren hatte, da war seine wunderbare Liebe noch immer nicht zufrieden. Das offenbarte er in diesen herrlichen Worten voller Liebe: „Könnte ich noch mehr leiden, so würde ich es gerne tun." Er konnte nicht mehr sterben; aber er wollte nicht aufhören zu wirken. Daher wird er uns auch ernähren; denn seine teure, werte mütterliche Liebe hat ihn zu unserem Schuldner gemacht. Die Mutter kann ihrem Kind ihre Milch geben; aber unsere herrliche Mutter Jesus kann uns mit ihrem eigenen Wesen nähren und tut solches gar freundlich und zart im heiligen Sakrament. Da ist die kostbare Nahrung des wahren Lebens, und durch all die süßen Sakramente ernährt er uns barmherzig und gnädiglich. Das meinte er auch, als er die heiligen Worte sprach: „Ich bin es, den die heilige Kirche predigt und lehrt." Das heißt: alles Heil und Leben im Sakrament, alle Kraft und Gnade in meinem Wort, all das Gute, das in der heiligen Kirche für dich bereitet ist, all das bin ich. Die Mutter kann ihr Kind sanft an die Brust legen; unsere holde Mutter, Jesus, aber kann uns traulich in seinem heiligen Herzen eine Heimstatt bereiten durch seine geöffnete Seite und uns da etwas von der Gottheit und den Freuden des Himmels zeigen und unserem Geist die Gewißheit unendlicher Seligkeit geben. Das tat er kund in der sechzehnten Offenbarung, als er das holde Wort sprach: „Siehe, wie ich dich liebe." Und dabei blickte er voller Freude auf seine heilige Seite hernieder. Dieses schöne, liebliche Wort „Mutter" ist so süß und so gütig, daß es von niemand und zu niemand in voller Wahrheit gesagt werden kann als von ihm und zu ihm, der die wahre Mutter des Lebens und aller Dinge ist. Die Mütterlichkeit zeigt sich in Liebe, Weisheit und Kenntnis. Und Gott ist die Mütterlichkeit. Wenn auch unsere leibliche Förderung nur gering ist im Verhältnis zu unserer geistlichen, so wirkt er doch auch solches an den Geschöpfen. Die gütige, liebevolle Mutter, die die Not ihres Kindes weiß und kennt, die erhält es auch voller Zärtlichkeit. Und wenn es älter und größer wird, dann ändert sie auch ihr Wirken für ihr Kind; aber nie ändert sie ihre Liebe. Und wenn es dann doch älter geworden ist, dann läßt sie zu, daß es gezüchtigt wird und wir unter unseren Sünden zusammenbrechen; denn dadurch werden wir bereit gemacht, Tugenden und Gnade zu empfangen. Dieses und alles andere, was da schön und gut ist, bewirkt Gott in den Geschöpfen, die es vollziehen. So ist Christus unsere Mutter durch das Wirken der Gnade, das er uns schon hier zuteil werden läßt, weil er unsere Seele liebt. Das sollen wir auch wissen; denn all unsere Liebe soll in ihm verknüpft sein. Da erkannte ich, daß wir alles erfüllen, was Gott uns Vater und Mutter gegenüber geboten hat, wenn wir Gott wahrhaft lieben. Diese heilige Liebe schafft Christus in uns ... (60).

Die Mutter kann wohl dulden, daß Ihr Kind manchmal fällt und mancherlei Schaden nimmt, wenn es ihm zum Segen gereicht; aber ihre Liebe kann nie zulassen, daß irgendeine Gefahr ihr Kind bedroht. Unsere irdische Mutter zwar kann ihr Kind umkommen lassen, aber unsere himmlische Mutter Jesus kann niemals zulassen, daß wir, die wir seine Kinder sind, umkommen. Denn in ihm ist alle Macht, Weisheit und Liebe. Und keiner gleicht ihm. Gesegnet sei er! Oftmals, wenn unsere Sündhaftigkeit und Erbärmlichkeit uns offenbart wird, fürchten wir uns sehr und schämen uns so über uns selbst, daß wir kaum wissen, wo wir uns hinwenden sollen. Aber unsere gütige Mutter will nicht, daß wir dann vor ihr fliehen; denn nichts wäre ihr verhaßter. Sondern wir sollen dann wie die Kinder tun; denn wenn ein Kind bekümmert und geängstigt ist, läuft es schnell zur Mutter; und wenn es sonst nichts zu tun vermag, ruft es die Mutter laut um Hilfe an. Auch wir sollen so demütig sein wie das Kind und sprechen: „Meine gütige Mutter, meine gnadenreiche Mutter, meine teure, liebe Mutter, habe Erbarmen mit mir! Ich habe mich selbst erniedrigt und dir unähnlich gemacht, und ich darf und kann es nur sühnen mit deiner Hilfe und Gnade." Und wenn wir uns dann nicht erleichtert fühlen, sollen wir nur sicher glauben, daß er sich wie eine weise Mutter verhält; denn wenn er sieht, daß es segensreich für uns ist, wenn wir klagen und weinen, dann wartet er aus Liebe mit Erbarmen und Mitleid, bis die beste Zeit ist. Er will, daß wir dann ihm in Glück und Schmerz vertrauen, wie Kinder der Mutter. Wir sollen uns kräftiglich zum Glauben der heiligen Kirche halten und in ihr unsere teure, liebe Mutter finden und uns von ihr trösten lassen samt der ganzen heiligen Gemeinde. Denn eine einzelne Person kann vernichtet werden; aber der ganze Leib der heiligen Kirche war nie zerstört und wird auch nie zerstört werden. Daher ist es sicher und gut und segensreich, wenn wir demütig und kräftiglich verlangen, verbunden und vereint zu werden mit unserer Mutter, der heiligen Kirche. D. i. mit Jesus Christus selbst. Die Gnadenflut, d. i. sein liebes und wertes Blut und kostbares Wasser, ist voll Segen, uns gar schön und rein zu machen. Die heiligen Wunden unseres Heilandes sind offen und mit Freuden bereit, uns zu heilen. Die süßen, freundlichen Hände unserer Mutter sind immer für uns voll Eifer tätig; denn er ist wie eine liebevolle Pflegerin, die nur für das Heil ihres Kindes zu sorgen hat (61).

Er ist der wahre Vater und die wahre Mutter aller Geschlechter; und alle Geschlechter, die er geschaffen hat und die von ihm ausströmen, um seinen Willen zu tun, die werden wieder erhoben werden und wieder zu ihm gebracht werden durch das Wirken der Gnade ... Und hieran können wir sehen, daß es uns nicht not tut, umherzusuchen und nach Besonderem auszuspähen; sondern wir sollen zur heiligen Kirche kommen, an die Brust unserer Mutter, das heißt, wir sollen in unsere eigene Seele gehen, wo unser Herr wohnt (62).

Wir sollen unsere Klage demütig vor unsere liebe, werte Mutter bringen. Dann wird uns Christus mit seinem kostbaren Blut besprengen ... Er wird nie mit diesem süßen, schönen Tun aufhören, bis alle seine lieben, teuren Kinder in den Himmel gebracht und zur Seligkeit geboren sind ... So ist unser Leben gegründet in unserer wahren Mutter Jesu, in ihrer ewigen, vorausschauenden Weisheit dessen, der ohne Anfang ist. Dadurch, daß Christus unsere Natur annahm, erneuerte er uns, und in seinem heiligen Sterben am Kreuze gebar er uns zu ewigem Leben. Von der Zeit an und jetzt und immerdar bis zum Jüngsten Tage wird er uns ernähren und fördern, so wie es die höchste mütterliche

Güte will und die Not des Kindes verlangt. Licht und süß erscheint unsere himmlische Mutter Jesus unserer Seele. Köstlich und lieblich sind die begnadeten Kinder in den Augen unserer himmlischen Mutter, sanft und demütig und voll aller der edlen Tugenden, die von Natur den Kindern zukommen. Von Natur verzweifelt das Kind nicht an sich selbst; es liebt die Mutter und jeden Mitmenschen. Dies alles und noch manches ähnliche sind edle Tugenden. Mit ihnen dienen wir unserer himmlischen Mutter recht und gefallen ihr wohl. Und ich erkannte, daß es nichts Höheres in diesem Leben gibt, als recht kindlich zu sein, schwach und ohnmächtig an Können und Wissen, bis unsere gütige Mutter uns hinaufgebracht hat zu unsers Vaters Seligkeit. Wahrlich, da wird es uns kundgetan werden, was es bedeutet, wenn er gar holdselig spricht: „Alles soll gut werden, und du selbst wirst es sehen, daß jegliches gut werden wird." Dann wird die Seligkeit der Mutterschaft in Christus an uns sich erneuern in Gottvaters Freuden und wird ewiglich währen; denn alle seine heiligen Kinder, die von Natur aus ihm hervorgegangen sind, werden wieder in ihn gebracht werden durch Gnade (63).

Die Furcht aber, die uns schnell vor allem fliehen läßt, was nicht gut ist und uns an unseres Herrn Brust sinken läßt wie das Kind in die Arme der Mutter ... in der Erkenntnis unserer Schwachheit und großen Not ... (74).

Unser Glaube ist ein Licht, das aus unserem ewigen Tage, Gott, unserem Vater, kommt. In diesem Licht führt uns unsere Mutter Christus und unser guter Herr, der Heilige Geist, in diesem vergänglichen Leben (83).

4. Zusammenfassung der Mutterschaftszitate

In *Schöpfung, Erhebung zur Gottessohnschaft* und *Versöhnung oder Wiederherstellung* des Menschen durch Gott, der drei Personen in einer Natur ist, ist Gott als Allmacht unser Vater, Gott als Weisheit unsere Mutter, Gott als Liebe, Güte unser Herr. Die zweite Person der Dreieinigkeit, der die Weisheit zugeordnet wird ist *unsere Mutter*

a) „dem geistigen Wesen", d. h. der Natur nach:

„... in ihm haben wir unser Leben. Er ist der Grund aller Mütterlichkeit" (59).

„... die zweite Person der Dreieinigkeit, die unsere Mutter schon dem geistigen Wesen der Natur nach ist ..." (58).

b) in *Barmherzigkeit und Gnade:*

„... ist auch unsere Mutter nach dem sinnenfälligen Teil aus Barmherzigkeit" (58), weil sie unser menschliches Fleisch annahm. In seiner Menschwerdung erneuert uns Christus, *schenkt uns Leben:* „Dadurch, daß Christus unsere Natur annahm, erneuerte er uns ..." (63). – „So trägt er uns in sich in seiner Liebe" (60). Durch die Mühen seines Leidens und Sterbens *gebiert er uns zu neuem Leben* der Teilhabe an der göttlichen Natur:

und er trägt uns, bis zur Erfüllung der Zeit, da er unter den schärfsten Dornen und den schlimmsten Schmerzen litt, die es jemals gab und je geben wird, und schließlich starb. Und als er das vollbracht und uns so zur Seligkeit geboren hatte ..." (60). – „... und in seinem heiligen Sterben am Kreuz gebar er uns zu ewigem Leben" (63).

Er gibt uns in der Eucharistie sich selbst zur Nahrung:

„Die Mutter kann ihrem Kind Milch geben; aber unsere herrliche Mutter Jesus kann uns mit ihrem eigenen Wesen nähren und tut solches gar freundlich und zart im heiligen Sakrament. Das ist die kostbare Nahrung des wahren Lebens" (60).

Er dient uns, sorgt für uns und bereitet uns auf das ewige Leben vor:

„.. und Gott tat ihn an mit unserem armen Fleisch, damit er in Mütterlichkeit uns diene in allen Dingen" (60).

„Die süßen, freundlichen Hände unserer Mutter sind immer für uns voll Eifer tätig" (61). – „... er verhält sich wie eine Mutter" (61).

Dieses Wirken wird fortgesetzt durch Christus im Werkzeug der Kirche als seines Leibes:

„Wir sollen uns kräftiglich zum Glauben der heiligen Kirche halten und in ihr unsere teure, liebe Mutter finden ..." (61). „... mit unserer Mutter, der heiligen Kirche. D. i. mit Jesus Christus selbst" (61).

Entsprechend sollen wir Kindern in der Hand der Mutter gleichen: „Und ich erkannte, daß es nichts Höheres in diesem Leben gibt, als recht kindlich zu sein ..." (63).

„Er will, daß wir dann ihm in Glück und Schmerz vertrauen, wie Kinder der Mutter" (61). – „... in allen Dingen wollte er uns Mutter sein."

Diese Mütterlichkeit währt ewig:

„Und unser Heiland ist unsere wahre Mutter, in ihm werden wir ewig geboren, in ihm sollen wir immer bleiben."

Folglich ist er also das Urbild aller Mütterlichkeit:

„Dieses schöne, liebliche Wort ‚Mutter' kann von niemand und zu niemand in voller Wahrheit gesagt werden als von ihm. Dieses und alles andere, was da schön und gut ist, bewirkt Gott in den Geschöpfen, die es vollziehen" (60).

5. Die abschließenden Kapitel der Offenbarungen

Nach den Kapiteln, die vom Mutter-Sein Christi sprechen (hauptsächlich also 58–63), finden sich nur noch zwei ausdrückliche Bemerkungen zu diesem Thema: in den Kapiteln 74 und 83. Doch von Kapitel 64 bis zum Ende sind die Lehren Julianas, die nun vor allem praktischer Natur sind, ganz im Licht des zuvor Gesagten zu verstehen.

Juliana widmet sich nun der Beschreibung dessen, wie die „gesegneten Kinder" Christi sich ‚auf dem Wege' verhalten sollen. Sie beschreibt also, wie der geistliche Weg eines Christen aussehen soll. Zunächst ermahnt sie dabei zu Geduld in diesem Leben, da Christus doch „gütig verspricht, uns zu befreien" (64). Um uns dies zu erleichtern, weist sie darauf hin, daß es „Gottes Wille ist, daß wir unser Denken so oft wie möglich auf die Freude und Seligkeit richten". Wir sollen also unser Denken auf den Himmel richten, *semper rationabilia meditantes.*[49] In ihren Lehren über Drangsal und Leiden zeigen sich Breite, Ausgewogenheit und Stärke ihres Geistes. Hier ist nichts von einem Leidenskult zu finden: „Es ist Gottes Wille, daß wir seine trostreichen Verkündigungen so umfassend und kräftig aufnehmen, wie wir es nur vermögen. Und so sollen wir auch die Zeiten des Harrens und der Trübsal so leicht wie nur möglich nehmen, und je weniger Wert wir auf sie legen aus Liebe, desto weniger werden wir den Schmerz empfinden, und desto mehr Dank und Lohn werden wir dafür erhalten" (64).

Nirgends sonst in ihrem Buch tritt das typisch Englische an Juliana so klar und deutlich hervor wie bei dieser dringenden Empfehlung, im geistlichen Leben ein gerütteltes Maß an gesundem ‚understatement' zu bewahren!

Der sechzehnten Offenbarung, die die anderen abschließt und bestätigt, war eine Rückkehr der Krankheit und ein Angriff des Teufels voraufgegangen. Doch tiefstes Vertrauen in den Herrn hilft ihr durch diese Anfechtungen, und daraufhin empfängt sie einen Anblick durch das „Auge des Geistes": „Da öffnete unser guter Herr mir die Augen des Geistes und zeigte mir meine Seele inmitten meines Herzens. Und ich sah, daß die Seele so groß war wie eine endlose Welt, und sie war wie ein heiliges Königreich. Da verstand ich, daß die Seele eine erhabene Stadt ist. In ihrer Mitte thront unser Herr Jesus, wahrer Gott und wahrer Mensch, schön und groß, der höchste Bischof, der erhabenste König und Herr ... Die Menschheit thront in Frieden mit der Gottheit ... Niemals wird Jesus den Platz in unserer Seele verlassen; denn in uns ist seine trauteste Heimat und seine ewige Wohnstatt" (68). Es wird sich schwerlich eine schönere und psychologisch bedeutsamere Beschreibung finden lassen, in der Christus als Ganzheit, Vollendung des Selbst, in der Mitte der Stadt thronend gesehen wird, wobei männliche und weibliche Symbolik völlig im Bild verschmelzen.

Juliana will hier nicht nur ihre eigene Ausdauer auf dem Heilsweg bestätigen, sondern richtet diese Versicherung (wie auch die anderen) an alle Mitchristen. Auch sichert uns dies Innewohnen Gottes kein geruhsames Leben in geistlicher Freude zu. Christus äußert gegenüber denen, die ihm nachfolgen wollen, daß sie in dieser Welt Drangsal erleiden würden, daß sie sich aber nicht fürchten sollten, da er diese Welt besiegt hat (Joh 16,33). Und so sagt er zu Juliana nicht etwa: „Du sollst nicht mit Sorgen gequält werden, du sollst nicht mit Mühe beladen werden, du sollst nicht beunruhigt werden – sondern er sagte: ‚Du sollst nicht überwunden werden'" (68).

Der Teufel griff Juliana zum zweiten Mal, mit der Versuchung an zu zweifeln (69). Wieder wendet sie sich vertrauensvoll an Christus, wobei all ihre Belehrungen über

Anfechtungen und den Umgang mit ihnen hier aufs engste verknüpft werden mit ihrer eigenen Erfahrung tiefster Bedrängnis. Ihre Aufforderungen, doch zu vertrauen, sind überzeugend, denn es ist offensichtlich, daß sie selbst das praktiziert, was sie verkündet. So versetzt sie uns auch in die Lage, zu sehen, wie ihre Lehre wirkt. Wie ihre Zeitgenossin Katharina von Siena [50], die sich den äußeren Umständen und dem Temperament nach erheblich von der Eremitin aus Norwich unterschied, betrachtet Juliana die Heiligkeit oder Ganzheit als das Ergebnis eines Kampfes. Sie ist eine Tugend, die dem Ansturm genau widerstreitender Kräfte abgetrotzt werden muß! „Denn wenn Glaube nicht angefochten wird, würde er keine Belohnung verdienen" (70).

Als Rüstung für diesen Kampf des christlichen Lebens bedürfen wir dreierlei Art des Wissens:

a) „daß wir unsern Herrn Gott kennen";

b) daß wir uns selbst als in Christus erkennen, „was wir in ihm nach Natur und Gnade sind";

c) daß wir uns als von ihm verschieden erkennen, „daß unser Selbst wider unsere Sünde und Schwachheit streitet" (72).

Diese drei Schritte sind alle notwendig. Juliana besteht darauf, daß eine zu starke Betonung der Selbsterkenntnis *fern von Christus* nur zu Mutlosigkeit und Furcht führt, gegen die das einzige Heilmittel grenzenloses Vertrauen in Gott ist: „Einige von uns glauben, daß Gott allmächtig ist und alles tun kann; aber sie glauben nicht recht, daß er allgütig ist und alles tun will. Diese Unkenntnis hindert am meisten die, die Gott lieben" (73)[51]. Neben diesem Vertrauen muß allerdings eine „ehrerbietige, sanfte Furcht" vor Gott bestehenbleiben, damit aus Vertrauen nicht etwa Vermessenheit wird.[52] Diese kindliche Ehrfurcht wird ewig dauern. Auch wenn Gott noch so sehr „liebevoll" und „zärtlich" zu seinen erlösten Söhnen und Töchtern ist, wird doch im Himmel stets große Ehrfurcht herrschen: „Die Seligkeit und die Erfüllung werden so tief und so hoch sein, daß alle Geschöpfe vor Wundern und Staunen eine so große Ehrfurcht vor Gott empfinden ... Aber es wird kein Schmerz sein in diesem Zittern und dieser Furcht ... vor großer Freude und grenzenlosem Staunen über die Gottes des Schöpfers ..." (75).

Zusammen mit dieser dreifachen Erkenntnis schenkt uns Gott drei Mittel, um zu ihm zu gelangen. Wenn wir sie benutzen, verehren wir ihn, und wir selbst werden „gefördert, erhalten, erlöst" (80). Diese Dinge sind:

a) „Der Gebrauch der menschlichen Vernunft": In unserem christlichen Leben müssen wir von unserer Vernunft Gebrauch machen, sie bei der Betrachtung der in Christus offenbarten Wahrheit einsetzen, so wie Juliana selbst ja auch in ihrem Buch Offenbarung, Erleuchtung, Gebet neben ernsthaftem Nachdenken zusammenwirken läßt.

b) Die Lehre der heiligen Kirche: Auch wenn manche Mystiker zuweilen zum Vorwurf Anlaß gegeben haben mögen, sie hätten die Gemeinschaftsdimension im Christentum zu wenig betont, Juliana kann nicht zu diesen gezählt werden. Sie verkündete die Einheit, ja fast die Identität von Christus und Kirche (61).

c) „Das innere gnädige Wirken des heiligen Geistes": Juliana selbst hat in ihren Offenbarungen geistliche Gaben von seltener Art erfahren. Doch empfing sie diese in aller Demut und war sich sicher, daß sie ihr nur dazu geschenkt wurden, um sie anderen mitzuteilen. Obwohl sie die höchsten Formen des Gebets erörtert, wendet sie sich nicht an eine kleine Gruppe besonders begnadeter Seelen in der Gemeinschaft der Christen, sondern an alle, die „aus Liebe zu Gott die Sünde hassen und bereit sind, Gottes Willen zu tun" (73). Auf dieser Grundlage eines richtig ausgerichteten

Willens ist es nach ihrer Überzeugung möglich, daß im Rahmen einer normalen christlichen Berufung der heilige Geist innerlich und gnadenvoll wirkt. Schon in Kapitel 10 schreibt sie: „Und so sah ich ihn und suchte ihn, und ich besaß ihn und hatte Verlangen nach ihm; und ich sehe: dies ist und sollte *unser aller Bemühen in diesem Leben* sein" (Hervorhebung von mir). Juliana ist sich bewußt, daß dieses „Haben" Gottes mit den Zeiten abwechselt, in denen wir ganz auf unseren bloßen Glauben angewiesen sind. Dieser Glaube ist das Licht, „das aus unserem ewigen Tage, Gott, unserem Vater, kommt. In diesem Licht führt uns unsere Mutter Christus und unser guter Herr, der heilige Geist, in diesem vergänglichen Leben" (83). Dieses Licht vertreibt nicht alle Dunkelheit. Doch es reicht aus, bis wir in der Ewigkeit „in Gott klar die Geheimnisse erkennen, die jetzt vor uns verborgen sind. Dann wird niemand von uns versucht sein zu sagen: ,Herr, wenn es so gewesen wäre, wäre es gut gewesen.' Sondern wir werden alle aus einem Munde sprechen: ,Herr, gesegnet seist du. Denn so wie es ist, so ist es gut'" (85).

IV

Der Hintergrund von Julianas Lehre über die Mütterlichkeit Gottes

Julianas Vorstellung von Gott als Mutter ist als „eine der großartigsten Neuformulierungen in der Geschichte der Theologie"[53] und „eine einzigartige Errungenschaft in der geistlichen Tradition der Kirche"[54] bezeichnet worden. Bei aller Originalität dieser Lehre, besonders wenn man sie in ihrer ganzen Ausfaltung und Breite sieht, müssen wir allerdings festhalten, daß sie in einer Tradition steht, in der weibliche und mütterliche Elemente des Gottesbildes stets einen Platz hatten.

Bereits im ersten nachchristlichen Jahrhundert beriefen sich einige Kirchenväter auf die Mütterlichkeit, wenn sie bestimmte Aspekte in der Beziehung zwischen Gott und der Menschheit aufzeigen wollten. So sagt z.B. Johannes Chrysostomos in seinem Kommentar zu der Stelle in Jesaja, wo es heißt: „Kann eine Mutter ihr Kind vergessen und kein Mitleid haben mit dem Kind, das aus ihrem Schoß kam?": „Aus dem Bild, das der Prophet verwendet, müssen wir nicht schließen, daß er uns die Liebe einer Mutter als das Maß göttlicher Liebe zeigt, sondern daß die Mutterliebe unter allen Formen der Liebe bekanntermaßen die vorrangige ist."[55] Unter den lateinischen Vätern schreibt Hieronymus, zu Jes 66,13: „Wir erfahren vom Erbarmen des Schöpfers für seine Geschöpfe durch das Beispiel der Mütter, die ihre Kinder aus Liebe an ihrer Brust nähren und dabei alle andere Liebe übertreffen."[56]

In anderen Fällen stehen eher die physiologischen Aspekte der Mutterschaft, das Schützen und Umschließen durch den Uterus, das Nähren an den Brüsten im Vordergrund. Noch einmal sei Hieronymus in einem Kommentar zu Jes 46, 3 zitiert: „Und er lehrt sie, daß sie wie Kinder und Säuglinge sind, von Gott aus Ägypten getragen wie das Kind im Schoß der Mutter. Das unaussprechliche Geheimnis Gottes besitzt natürlich nicht Vulva, Fuß, Hand oder sonst ein Körperglied, sondern wir sollen hieraus in unseren menschlichen Worten etwas über die Liebe Gottes erfahren." [57]

Die physiologischen Prozesse der Mutterschaft wurden auf diese Weise objektiviert und von der Frau , der sie ja eigentlich zugeordnet sind, abgetrennt. Dies erklärt in gewisser Weise, warum bei manchen Kirchenvätern so wenig stilistische Zurückhaltung zu finden ist, wenn sie einem männlichen Subjekt (vorübergehend) weibliche Attribute zuschreiben. Origenes, der die Analogie von Braut und Bräutigam für die Beziehung zwischen Christus und der Kirche verwendet, fragt: „Wer kann verglichen mit ihm fruchtbar genannt werden?" [58] Hier sind ‚wer‘ und ‚fruchtbar‘ jeweils in der weiblichen Form verwendet. Offensichtlich liegt für ihn nichts Merkwürdiges oder Herabsetzendes in bezug auf Christus in dieser Bemerkung. Ich verwende das Wort ‚herabsetzend‘, weil neben solchem Gebrauch von Bildern der Mütterlichkeit in patristischer Zeit die allgemeine Minderbewertung der Frau vorherrschend war: die Sicht der Frau als schwächeres Gefäß, als unvollkommener Mann und gänzlich passiver Partner (die bei der Zeugung nur als Gefäß für den männlichen Samen gesehen wurde). Dabei ist im Gebrauch dieser Bilder wirklicher Respekt und Ehrerbietung weder gegenüber dem weiblichen Geschlecht im allgemeinen noch gegenüber den Frauen im besonderen zu finden. Dieselben Kirchenväter, die weibliche Bilder für Gott benutzen, können anderswo ihre eigenen psychischen Ambivalenzen und ‚Anima-Ängste‘ auf alle Frauen projizieren, die sich in ihrer wilden frauenfeindlichen Äußerungen zeigt. Caroline Walker Bynum weist in diesem Zusammenhang auf die psychoanalytische Beobachtung hin, nach der eine enge Mutter-Sohn-Beziehung oft mit Feindschaft gegenüber Frauen verbunden ist. Sie meint: „... dies legt nahe, daß die literarische Tradition der Frauenfeindlichkeit und die literarische Tradition der Verherrlichung der Mutterschaft sich nicht unbedingt widersprechen müssen."[59]

Im Mittelalter ist die Lage nicht grundsätzlich anders. Die Lehren eines Thomas von Aquin wiederholen die biologischen Theorien der antiken Welt, genauer des Aristoteles. Die überragende Autorität, die seine Werke schließlich gewannen, übertrug sich auf diese Theorien. Da nach Thomas „der Partner, der aktive Macht besitzt, ,Vater' genannt wird, und der Name ,Mutter' dem passiven Partner zukommt"[60], darf Gott, der reiner *actus* ist, nicht Mutter genannt werden. Zwar wurde erst 1827 das weibliche Ovum entdeckt und bewiesen, daß der Anteil der Mutter an der genetischen Festlegung des werdenden Menschen 50 Prozent beträgt. Doch konnte es auch vorher nur ein ganz auf den Mann konzentriertes Denken über den langen Prozeß von Zeugung und Geburt zur Folge haben, den Anteil der Frau auf den Augenblick der Empfängnis zu reduzieren. Dabei wurde die Passivität des Mannes, der darauf warten muß, wie seine Vaterschaft in und durch eine andere erst erreicht wird, völlig ignoriert und die Aktivität der *gebärenden* Mutter überhaupt nicht erwähnt. Bis heute prägen solche Ideen die Vorstellungen und das Denken einiger Theologen.

1949 lenkte der Benediktiner André Cabassut in einem Aufsatz die Aufmerksamkeit auf ein lange verborgen gebliebenes Phänomen: die weitverbreitete Verehrung Christi als Mutter im Mittelalter. Er behauptet: „In allen wesentlichen Punkten der Lehre stimmen die Überlegungen und Eingebungen der Mystiker mit den Gedanken der besten Theologen überein."[61] Diese Einladung (oder Herausforderung) an Theologen und Historiker wurde schließlich angenommen; in den folgenden Jahren ist das Thema in einigen Studien bearbeitet worden. Seitdem sind viele über Cabassut hinausgehende Belege entdeckt und untersucht worden. Das Ausmaß von Julianas eigener Gelehrsamkeit und ihre Kenntnis der lateinischen wie der Volkssprache sind durch Colledge und Walsh in der kritischen Ausgabe des mittelenglischen Textes eindeutig dargelegt worden. So dürfen wir inzwischen davon ausgehen, daß sie zumindest mit einigen Autoren, die diese Bilder verwendet haben, vertraut war. Die folgenden Ausführungen erheben allerdings nicht den Anspruch, sämtliche Möglichkeiten auszuschöpfen. Die *Ancrene Riwle* (vgl. Kap. 1) war Juliana mit ziemlich großer Sicherheit bekannt, sicher von dem Augenblick an, als sie selbst Einsiedlerin wurde bzw. beschloß, es zu werden. A. M. Reynolds glaubt, „einige offensichtliche, wenn auch unbewußte, Anleihen"[62] entdeckt zu haben. In der *Riwle* finden wir ein Bild, das bei vielen mittelalterlichen Mystikern wieder auftaucht: in der klassischen Erfahrung des Gebetslebens, wonach geistliche Erbauung und Dürre, Vereinigung und Verlassenheit, Friede und Versuchung immer abwechseln, wird Christus mit einer Mutter verglichen, die mit ihrem Kind spielt. So schreibt der Autor der *Riwle:* „Der sechste Trost besteht darin, daß unser Herr, wenn er zuläßt, daß wir versucht werden, nur mit uns spielt wie eine Mutter mit ihrem geliebten Kind. Sie läuft davon und versteckt sich und läßt das Kind allein. Dieses sucht nach ihr, ruft ‚Mama, Mama' und weint ein bißchen. Da läuft sie dann schnell hinzu, breitet ihre Arme aus, legt sie um das Kind, küßt es und wischt die Tränen ab."[63]

Ein ähnliches Beispiel findet sich in Walter Hiltons Übersetzung des *Stimulus Amoris,* eines Werks aus dem 13. Jahrhundert, das der Franziskaner Jakob von Mailand verfaßte: „Unser Herr ist zu uns wie eine Mutter zu ihrem kleinen Kind, wenn sie merkt, daß das Kind über das Spiel von ihr weggeht und sie vergißt. Sie erschreckt es dann durch einen Ruf oder ein Geräusch, so daß das Kind sich fürchtet und sich aus Angst auf die Mutter besinnt und, so schnell es kann, zu ihr läuft. Dann breitet sie die Arme aus und empfängt ihr Kind mit süßen Küssen und ermahnt es, daß es nie mehr so weit fort von ihr gehen soll. Ebenso verhält sich auch der Herr zu uns, wenn wir versucht werden." [64]

Hilton hatte selbst eine Zeit als Einsiedler verbracht, bevor er Augustinerchorherr wurde und dieses Werk irgendwann zwischen dem Bauernaufstand 1381 und dem Jahr 1388 verfaßte.

Die englische Übertragung des *Stimulus* durch Hilton, die viele Kürzungen und Ergänzungen durch seine Hand aufweist und den Titel *The Goad of Love (Ansporn der Liebe)* trägt, muß also ungefähr zeitgleich mit Julianas Langer Version entstanden sein. Ein Vergleich der beiden Werke zeigt nicht wenige Parallelen auf. Im bereits erwähnten *Buch der Margery Kempe* wird gesagt, daß Margery sich den *Ansporn der Liebe* hat vorlesen lassen. Vielleicht haben ja sie und Juliana miteinander über das Buch gesprochen ...

Ein Karmeliter aus Margerys Heimatstadt Lynn in der Grafschaft Norfolk verfaßte einen Index zu Hiltons Buch. Man darf aus alldem wohl schließen, daß das Buch zumindest in diesem Teil des Landes bekannt war, auch wenn nicht zu sagen ist, ob dies schon vor der Abfassung der Langen Version der Fall war. Die meisten Handschriften von Hiltons Buch stammen aus dem 15. Jahrhundert, was darauf deutet, daß es am weitesten verbreitet war, als Juliana bereits sehr alt bzw. schon verstorben war. Vielleicht hat Julianas Werk Hiltons Buch beeinflußt. Auf jeden Fall besteht eine große Verwandtschaft zwischen den beiden Büchern.

Einer der typischsten und schönsten Gedanken Julianas ist der von Gottes „Güte" (‚courtesy') gegenüber uns Menschen. Auch bei Hilton finden wir das Wort: „... welch größere Güte der Liebe kann mir erwiesen werden?"[65], und: „... unser Herr ist so gütig zu mir, der ich ja in Sünde lebe"[66], „unser guter, gütiger Herr"[67]. Ein ebenso typischer und ansprechender Ausdruck Julianas ist ihr Sprechen von Gottes ‚homeliness', Gottes ‚homely loving'. Diese beiden Gedanken verbindet sie miteinander: „er ist der liebreichste und freundlichste" (7), „so liebreich er ist, so freundlich ist er" (77). Hilton verwendet diese beiden Eigenschaftswörter ebenfalls in Kombination. Gott ist für ihn „der ‚gütigste' und ‚liebenswürdigste'". (Hier sind die beiden Wörter hervorgehoben, da sie von Hilton in den Text des *Stimulus* eingefügt wurden.) In den Kapiteln 50 und 58, die für Julianas Lehre von der Mütterlichkeit wichtig sind, findet sich diese „Dreieinigkeit von ‚All-Macht, All-Weisheit, All-Güte'". Diese klingt auch in Hiltons Werk an: „Jesu höchste Macht und ‚höchste Weisheit und endlose' Güte, die alle Dinge aus dem Nichts erschuf"[68]. Ein anderer mütterlicher Zug Gottes wird zu Beginn der *Offenbarungen* genannt: „Er ist unser Gewand, das uns voll Liebe einhüllt, uns umschlingt und uns ganz bekleidet und an uns hängt mit zarter Liebe" (5). Gleiches steht auch bei Hilton: „So ist ein Mensch in Christus gewandet ... ist ganz in der Liebe Christi bekleidet und umfangen."[69]

Schließlich gleicht Julianas Vision von der Vollendung des mütterlichen Werkes Christi, wenn „unsere gütige Mutter uns hinaufgebracht hat zu unseres Vaters Seligkeit" (63), der folgenden Passage aus dem *Ansporn der Liebe:* „Und wenn du gestärkt bist mit dem Blut ‚seines kostbaren' Körpers, wird er dich dem Vater vorstellen im Gewand seines Blutes als sein Kind, und dann wird dein Vater gnädig für dich sorgen."[70]

Das Bild des Spielens einer Mutter mit ihrem Kind findet sich auch bei einem anderen Zeitgenossen Julianas, einem Benediktiner aus Durham, der in der zweiten Hälfte des 14. Jahrhunderts als Eremit auf Farne, der Insel der Heiligen Aidan und Cuthbert, lebte. Dieser Mönch hatte in Oxford studiert. Es handelt sich bei ihm wahrscheinlich um einen gewissen John Whiterig, der 1371 auf Farne starb. Als Einsiedler verfaßte er eine Reihe von Betrachtungen. In einer von ihnen richtet er das Wort an den Gekreuzigten und sagt u. a.: „Ebenso verhält es sich mit Müttern, die ihre kleinen Kinder zärtlich lieben. Wenn diese nun in einiger Entfernung von ihnen sind und schnell zu ihnen laufen wollen, pflegen sie die Arme auszubreiten und neigen das Haupt. Die Kleinen, durch diese Geste auf natürliche Weise belehrt, laufen und werfen sich in die Arme der Mutter, die ihnen eine Kleinigkeit schenken oder, wenn die Kinder noch nicht entwöhnt sind, ihnen die Brust reichen."[71] Dieses Bild verschmilzt nun mit der Vorstellung von der Nahrung, die aus der Seite Christi kommt: „Dasselbe tut der Herr mit uns. Er breitet seine Hände aus, um uns zu umarmen, neigt sein Haupt, um uns zu küssen, und öffnet seine Seite, um uns zu tränken. Wenngleich es sein Blut ist, das er uns als Trank anbietet, glauben wir doch, daß es Gesundheit gibt und süßer ist als Honig und die Honigwabe. Entwöhne mich nicht, guter Jesus, der Brust deines Trostes, solange ich in dieser Welt lebe, denn alle, denen solches geschieht, bleiben im Tode. Du selbst bezeugtest im Evangelium: ‚Wer nicht vom Fleisch des Menschensohnes ißt und sein Blut trinkt, der hat das Leben nicht.'"[72] Hier wird die Nahrungsspendung ausdrücklich mit der Eucharistie in Verbindung gebracht. Die ‚mütterliche Umarmung', das ist das Darbieten der durchbohrten Seite Christi, damit die Gläubigen daraus wie an Brüsten, den „Brüsten des Trostes", trinken können. Heute mag uns dies als ein etwas weit hergeholtes Bild erscheinen, doch für den mittelalterlichen Menschen lag dieses ganz nahe. Denn man glaubte, die Muttermilch sei Blut in einer verwandelten Form. Ganz ähnlich drückt sich Katharina von Siena aus: „Als sie später mit ihrem Beichtvater sprach, sagte die Jungfrau: ‚Wißt Ihr, Pater, was der Herr an jenem Tag an meiner Seele tat? Er verhielt sich wie eine Mutter zu ihrem liebsten Kind. Sie zeigt ihm die Brust, hält es aber von ihr fern, bis es zu schreien beginnt. Aber sobald es schreit, wird sie ein Weilchen lachen und es fest umarmen, es mit Küssen bedecken und ihm gern die volle Brust reichen. An jenem Tag zeigte er mir von weitem seine heilige Seite, und ich schrie vor dringender Begierde, mit meinen Lippen seine heiligen Wunden zu berühren. Nachdem er eine Weile über meine Tränen gelacht hatte – so schien es mir jedenfalls – kam er auf mich zu, umfaßte meine Seele mit seinen Armen und ließ meinen Mund den Ort berühren, wo seine heiligste Wunde, die Wunde an seiner Seite war. In großem Verlangen drang meine Seele in diese Wunde und fand dort solche Süßigkeit, solche Gotteserkenntnis, daß, wenn Ihr sie ermessen könntet, Ihr Euch wundern müßtet, wieso mein Herz nicht brach, und Euch fragtet, wie ich danach bloß mit solchem Übermaß an brennender Liebe weiterleben konnte."[73]

Hier findet sich zwar kein ausdrücklicher Bezug auf die Eucharistie, doch nach ihrem eigenen Zeugnis machte Katharina diese Erfahrung nachdem sie die Kommunion empfangen hatte.

Aus patristischer Zeit gibt es ebenfalls Anspielungen auf die nährenden Brüste Christi, in den *Oden Salomos* (100–110 n. Chr.) lesen wir in der achten Ode: „Ich habe sie an meine Brust gelegt, / daß sie von meiner heiligen Milch trinken / und Leben daraus gewinnen."[74]

Klemens von Alexandrien benutzt im *Paedagogus* das

Motiv von Christus als *lac parvulorum* (Milch für die Kleinen 1 Kor 3,2) und schöpft diese Symbolik voll aus.

Die mütterlichen Züge Christi, die gelegentlich bei Origenes auftauchen, haben wir schon erwähnt. In seinem Hoheliedkommentar sagt er über die Jungfrauen, die die Braut begleiten: „Wir hegen die Hoffnung, daß wir das Alter erreichen, da wir nicht allein von den Brüsten des Gotteswortes trinken und genährt werden, sondern auch lernen, ihn zu lieben, der uns nährt."[75] In Origenes' Vorstellung ist diese Nahrung allerdings nicht die Eucharistie, sondern vielmehr Weisheit und Erkenntnis. Offenbar war im ersten christlichen Jahrhundert diese Vorstellung weit verbreitet.

Im Mittelalter benutzt Bernhard von Clairvaux häufig das Bild von der Mutterbrust. Sein Rat an eine Person, die das monastische Leben wählen will, enthält diesen Abschnitt: „Wenn du den Stachel der Versuchung spürst, ... sauge nicht so sehr an der Stichwunde, sondern an den Brüsten des Gekreuzigten. Er wird deine Mutter sein, und du wirst sein Sohn sein."[76] Wieder findet sich keine direkte Verbindung zur Eucharistie. Auch Wilhelm von St. Thierry, der sich auf die „Brüste" im Hohenlied bezieht und die aus ihnen strömende Nahrung (wie die frühen Väter) auf die Weisheit Gottes zurückführt, stellt sie nicht direkt her: „Aus deinen Brüsten, o ewige Weisheit, werden deine Kleinen in ihrer heiligen Kindheit genährt."[77]

In der *Ancrene Riwle* dagegen findet sich ein düstereres Bild der Mütterlichkeit. Christus wird mit der Mutter verglichen, die ihre Kinder vor dem zornigen Vater schützen will. Auch wenn dieses Bild ursprünglich von dem biblischen Gedanken, daß Christus ewig zur Rechten des Vaters für uns eintritt, inspiriert war, hat es in dieser Form gewiß nicht Julianas Beifall gefunden. Denn sie sah sehr deutlich, daß „in Gott keinerlei Zorn ist" (49).

„Die für uns bestimmte Züchtigung traf nun ihn, denn

er stellte sich zwischen uns und den Vater, der drohte, uns zu schlagen, so wie eine Mutter sich mitleidsvoll zwischen ihr Kind und den strengen, zornigen Vater stellt, der es schlagen will. Er selbst empfing den Todesschlag, um uns davor zu schützen." So die Ancrene Riwle. Beim Mönch von Farne findet sich eine ähnliche Stelle, die allerdings keine ausdrücklichen Vergleiche mit der Mütterlichkeit aufweist, sie aber unter der Oberfläche ahnen läßt. Es heißt dort: „... denn deine Seele ist mit der unseren durch deine Liebe zum Menschen verknüpft, die die Liebe einer Mutter für ihren einzigen Sohn übertrifft. Wo findet sich der Beweis dafür? Wahrlich, o Herr, du bist deinem Worte treu und wirst nicht widerrufen, was von deinen Lippen kam, was du durch deine Propheten sagtest: Kann denn eine Mutter ihr Kind vergessen oder kein Mitleid haben mit dem Kind aus ihrem Schoß? Selbst wenn sie es vergäße, werde ich dich doch nicht vergessen.'"[79] Der *Mönch* stimmt hier mit der *Ancrene Riwle* überein, die im folgenden Abschnitt ebenfalls von Jes 49, 15 inspiriert wurde: „Wenn nun ein Kind krank wäre, so daß zu seiner Heilung ein Bad in Blut nötig wäre, würde die Mutter, die dieses bereitstellt, wirklich große Liebe beweisen. Solches tat unser Herr für uns, als wir so krank vor Sünde waren und derart gezeichnet, daß nichts uns heilen und säubern konnte als allein sein Blut ... Er sagte selbst, durch Jesaja, daß er uns mehr liebte denn eine Mutter ihr Kind: Kann denn eine Mutter ihr Kind vergessen ..."[80]

All diese Vergleiche, die offensichtlich sehr fruchtbar für die Vorstellungskraft dieser geistlichen Autoren und ihrer Leser waren, werden in den folgenden Beispielen noch deutlicher. Christus in seiner Beziehung zur Menschenseele wird nicht nur einer Mutter bloß ähnlich, sondern wirklich als Mutter gesehen: er trägt aus, gebiert, säugt. Betrachten wir zunächst ein weiteres Beispiel aus Hiltons Goad: „Er, der im Schoß einer Mutter war, trägt nun freundlich meine Seele als Kind in seinen gesegneten Wunden. Doch fürchte ich, schon bald wieder von dieser Wonne ausgeschlossen zu werden, die ich jetzt empfinde. Sicherlich aber wird er, die Mutter, auch wenn er mich entläßt, mich doch an seinen Brüsten säugen und mich in seinen Armen wiegen."[81]

Die Zisterzienserin Mechthild von Hackeborn (†1299) beschreibt in ihrem *Liber specialis gratiae,* wie sie von Christus angesprochen wird: „Deine Mutter nanntest du ‚Minne‘, und meine Liebe wird deine Mutter sein; und wie Kinder an der Brust der Mutter trinken, so wirst du inneren Trost schöpfen und unaussprechliche Süßigkeit, und sie wird dir alles Nötige beschaffen, genau wie eine Mutter für ihre einzige Tochter sorgt."[82] Über einen Menschen in Not, für den Mechthild betet, sagt Christus: „Warum ist er besorgt? Ich bin sein Vater, der ihn schuf, seine Mutter, die ihn erlöste, ich bin der Bruder, der teilgibt am Reich, die Schwester, die sanftmütig begleitet."[83] *Ego mater in redemptio.* Was das bedeutet, macht Mechthilds Zeitgenossin, Margarete von Ogynt (†1310), die Priorin der Kartause von Poleteins bei Lyon, klar. Sie hinterließ eine Reihe von Betrachtungen, die *Pagina meditationum.* In einer ihrer Betrachtungen erinnert sie an die Liebe Christi zu den Menschen und an ihre eigene Antwort auf diese Liebe im Verzicht auf alle weltlichen Dinge: „Du weißt, süßer Herr, daß nichts, was du mir im Himmel oder auf Erden geben könntest, mich zufriedenstellen könnte, wenn ich dich nicht selbst hätte. Denn du bist das Leben meiner Seele, und ich besitze keinen anderen Vater, keine andere Mutter als dich selbst."[84] Sie äußert sich dann über die Vorrangstellung Christi gegenüber allen Müttern (ähnlich wie Juliana hundert Jahre später): „Denn bist du nicht meine Mutter, ja mehr als meine Mutter? Die Mutter, die mich gebar, und große Wehen erlitt, um mich hervorzubringen, einen ganzen Tag oder eine Nacht lang; und du schönster Herr und Süßigkeit, erlittest für mich nicht nur eine Nacht lang Schmerzen, nein, deine Wehen dauerten mehr als dreißig Jahre."[85] Diese Nonne sieht also eigentlich die gesamte Erdenzeit Christi als durch sein mütterliches Werk bestimmt an. Alles ist Teil und Vorbereitung dessen, was Juliana später „unsere geistige Geburt" nennen sollte. Margarete schreibt: „Ach, süßer, schönster Herr, wie bitter hast du für mich Weh erlitten dein Leben lang. Als aber die Zeit kam, da du niederkommen solltest, da war deine Pein dergestalt, daß dein Schweiß in Blutstropfen überall von deinem Körper fiel und auf den Boden lief ..."[86] Sie bedenkt die Geißelung und die Speerwunden und ruft aus: „Wahrlich, Herr, wer sah jemals jemanden außer einer Mutter, der freiwillig einen so schrecklichen Tod starb aus Liebe zu einem Kind. Sicherlich hat niemand je dergleichen gesehen, denn deine Liebe war größer als jegliche Liebe ..."[87]

Ebenfalls aus dem 13. Jahrhundert stammen die Gedanken des Dominikaners und Kardinals Hugo von St-Cher, dem Verfasser der ersten Bibelkonkordanz. In seinem Jesajakommentar heißt es: „Der Herr ist also nicht nur Mutter, sondern mehr als eine Mutter. Er ist der Vater, der dich ohne Mühen schuf – wie ja auch ein Vater ohne Mühen zeugt. Er ist aber auch die Mutter, die dich unter Schwierigkeiten und Mühen erlöste, denn er gebar uns unter Wehen am Kreuz."[88] Hier wird Christi Kreuzestod bildhaft als Geburt vorgestellt, seine Leiden werden als ‚Wehen' gesehen, als Geburtsschmerzen, seine Nachkommen als Glieder des Leibes, aber auch als Kinder. Daß die Kirche aus der durchbohrten Seite Christi (wie Eva aus der Rippe Adams) hervorging, das war ein sehr alter christlicher Gedanke. Hier allerdings besteht ein wichtiger Unterschied, denn dieses Verständnis geht mehr aus der empirischen Natur der Dinge hervor. Christus, der die neue Schöpfung hervorbringt, ist selbst die Mutter; das ‚Kind‘ vermählt sich nicht mit dem ‚Vater‘ wie in der Vorstellung der anderen Bilder. Alle, die Christus am Kreuz gebiert, sind und bleiben seine Kinder. Juliana wird *diesem* Bildverständnis schließlich volles Gewicht verleihen. Alle und jeder werden also in der je eigenen Individualität gesehen. Auch Mechthild drückt dies so aus: „In der Sorge eines sich mühenden Menschen, der sich am Kreuz voll Schmerzen krümmt, brachte Christus die Seelen aller und jedes einzelnen der Erwählten hervor und wurde so unser aller gnädige und hingebungsvolle Mutter.“[89] Es gehörte zu dieser Zeit zum Gottesverständnis dazu, daß „Gottes Liebe begierig darauf gerichtet ist, jede einzelne Seele in der ihr eigenen Art zu bestärken, so daß sie mit wachsender Nähe zu Ihm wahrhaftiger ihr einzigartiges, persönliches Selbst findet“[90]. Demgegenüber hebt Juliana jedoch auch die Einheit hervor, die alle Kinder der einen Mutter verbindet, die Einheit „jener Nachkommen, die der Herr in den Schmerzen des Fleisches hervorbrachte“, um einen Ausdruck des Clemens zu verwenden[91]. Die paulinische Analogie von Bräutigam und Braut, die von der engen Verbindung zwischen Christus und seiner Kirche spricht, hat für Juliana keine so große Bedeutung wie das andere paulinische Bild: die Kirche als Leib Christi. Aus dem Körper der Frau erwachsen die Kinder, die dieser Körper innerlich neu gebildet hat. Die Vereinigung von Mann und Frau mag noch so eng sein, im Akt der Zeugung überläßt der Mann das neue Leben der Obhut seiner Partnerin. Es ist sogar durchaus möglich, daß er nie von der Empfängnis, ja nicht einmal von der Geburt seines Kindes etwas erfährt. Die Rolle der Mutter stellt ein viel vollkommeneres, genaueres Bild der Schöpfung und Neuschöpfung durch Christus dar. „Die heilige Kirche“ ist für Juliana keine abstrakte Ekklesia-Figur. Ihre Erkenntnis bringt sie in der Versicherung zum Ausdruck: „unsere Mutter, die heilige

Kirche, die Jesus Christus *ist*" (Hervorhebung von mir). Es gibt keinen Beweis dafür, daß Juliana mit den Schriften Mechthilds, Margaretes oder Hugos vertraut war. Ob Juliana von dominikanischem Gedankengut beeinflußt war, wird allerdings diskutiert. Man weiß, daß die Dominikaner zur Zeit Julianas in Norwich großen Einfluß besaßen[92]. Der Dominikaner Conrad Pepler zeigt in seiner Studie über Juliana, welchen Vorrang in der Gottesschau sie der Erkenntnisfähigkeit einräumt. Pepler weist auf Julianas Nähe zu thomanischem Gedankengut hin, wenn es um das Leiden Christi geht. Und er bemerkt: „Es ist, als hätte sie den größten Teil ihres Lebens mit dem Studium von Thomas' *Prima Pars* der *Summa Theologica* verbracht."[93] Pepler hält folglich die Annahme für berechtigt, es sei möglich, ja wahrscheinlich, daß sie einen Dominikaner als Seelenführer oder Beichtvater hatte. A. M. Reynolds hat auf die deutlichen Parallelen zwischen Juliana und den Dominikanern Tauler und Seuse hingewiesen, die gleichfalls die Mutter-Kind-Symbolik benutzten (allerdings in überschwenglicher Weise, die der nüchternen und zurückhaltenden Art Julianas fremd ist). Reynolds nennt auch einige Beispiele für die Ähnlichkeit zwischen Juliana und Meister Eckhart und meint: „Julianas Neigung zur Spekulation, ihre konkreten Bilder und eine gewisse Aufrichtigkeit im Ausdruck deuten sicherlich auf Verwandtschaft mit diesem großen deutschen Denker."[94]

Wissenschaftliche Kenner des Werkes von Juliana und ihrer Zeitgenossen Hilton sowie des Autors der *Cloud of Unknowing* sind sich jedoch nicht einig, ob und inwieweit die rheinische Mystik zur Entwicklung des englischen Denkens und der englischen Mystik beigetragen hat. Einige Stimmen schließen diese Möglichkeit aus, weil keinerlei Übersetzung der frühen deutschen Mystiker für das England des 14. Jahrhunderts nachgewiesen ist. David Knowles hält es dagegen für „ziemlich sicher", daß die Grundlage für den Thomismus in Verbindung mit Elementen, die von Pseudo-Dionysios Areopagita herrühren, bei Hilton und dem *Cloud*-Autor direkt in der Dominikanerschule des Rheinlands, besonders bei Tauler, zu suchen ist. Knowles ist der Ansicht, daß ein einziger Dominikaner, der aus dem Rheinland oder von der Kölner Universität kam und der Tauler-Schule verpflichtet war, durchaus in der Lage war, diese Lehren durch Unterricht, Predigt, Beichte u. a. zu verbreiten. Gleiches könnte für eine Verbindung zwischen Juliana und Eckhart gelten.[95]

In einer Predigt sagt Meister Eckhart: „Ich behaupte weiterhin, daß, wenn Gott Vater ist, er auch Mutter ist, und dies in einer Weise gegenseitiger Verbundenheit, wie sie nur in Gott sein kann."[96] Wenn Eckhart über Gott im Bild vom Hervorbringen neuen Lebens spricht, benutzt er stets das die Rolle der Mutter, nicht die des Vaters ausdrückende Verb, er sagt also nicht ‚zeugen', sondern stets ‚gebären'. Einmal drückt er es recht merkwürdig so aus: „Da ist ein Kindbett in der Gottheit."[97]

Julianas Sicht von der Mutterschaft Christi für die Menschheit in allen Dimensionen („ganz unsere Mutter in allen Dingen") basiert auf der Vorstellung Christi als des Wortes, als der Weisheit des Vaters, durch die alles geschaffen ist. Bei Eckhart findet sich: „Der himmlische Vater spricht ein Wort und spricht es ewiglich, und in diesem Worte verzehrt er all seine Macht, und er spricht in diesem Worte seine ganze göttliche Natur und alle Kreaturen aus."[98] Wir haben schon gesehen, daß es für Julianas Auffassung der Wahrheit ganz charakteristisch ist, alle Dinge aus dem Blickwinkel der Ewigkeit zu betrachten. Gleiches läßt sich bei Eckhart finden: „Die Dinge, die man hier dem Wandel unterworfen sieht, die erkennt man dort als unwandelbar ... was hier fern ist, das ist dort nahe, denn alle

Dinge sind da gegenwärtig. Was an dem ersten und dem jüngsten Tage geschieht, das ist dort gegenwärtig."[99]

Für Juliana besteht *eine* große Schwierigkeit bei der Frage nach dem „göttlichen Willen". Kapitel 37 heißt es: „Denn in jeder Seele, die erlöst werden soll, ist ein göttlicher Wille, der niemals gänzlich in die Sünde willigt und es auch nie tun wird." In der Einleitung zur Ausgabe der *Offenbarungen* von 1961 zeigt James Walsh, wie man diese vermeintlich unorthodoxe Aussage bestehen lassen kann, wenn man sie richtig aus dem Zusammenhang heraus erklärt.[100] Zwar, so Walsh, kann man die *scintilla,* den Seelenfunken, der selbst durch eine schwere Sünde nicht zum Erlöschen gebracht werden kann, nicht mit Julianas „göttlichem Willen" gleichsetzen sei, der in der menschlichen Natur als Ganzes zu finden ist. Doch in Julianas Lehre vom „höheren Teil" der Seele, der in der Dreieinigkeit gründet und wurzelt, ist durchaus ein Widerschein der theologischen Debatten im 13. Jahrhundert um die *synteresis,* den höheren Teil der Seele, und die *scintilla* zu sehen. Dies „oberste Teil der Seele", das „erhaben über der Zeit steht und nichts von der Zeit noch vom Leibe weiß"[101], stellt ein zentrales Element der Lehre Eckharts dar, und in der Seele findet sich „ein Fünklein der Erkenntnisfähigkeit (Gottes), das nimmer erlischt"[102]. Eckhart bezieht sich ausdrücklich auf die in der Debatte gebrauchte Terminologie und definiert selbst den Begriff *synteresis:* „Dies heißt soviel wie etwas, das allezeit Gott anhängt, und es will niemals etwas Böses."[103]

Die erste uns bekannte Anspielung auf Christus als Mutter aus nachpatristischer Zeit findet sich in einem Gebet Anselms von Canterbury (1033–1109). Cabassut sieht in diesem Gebet zum heiligen Paulus die Quelle der mittelalterlichen Verehrung der Mütterlichkeit Gottes: „Die Gebete des heiligen Anselm verbreiteten sich rasch überall im Westen. Vor allem Zisterzienser und Kartäuser trugen zu ihrer Verbreitung bei, man schätzte sie also sehr hoch und las sie viel in den Klöstern. Es kam zu zahlreichen Nachahmungen. Sicherlich inspirierte die *Oratio 65* die verschiedenen mystischen Schriftsteller, die in Anselms Spuren traten. Von ihm übernahmen sie direkt oder mittelbar den Gedanken von der Mütterlichkeit Gottes."[104] Nach Cabassut ist Anselms Gebet auch die wahrscheinlichste Quelle für Julianas Vertrautheit mit dieser Idee.[105] Die Verbindung mit England war ja besonders eng, da die Abtei von Bec ihren berühmten Abt Lanfranc an den Bischofsstuhl von Canterbury verlor, und Anselm Lanfranc in beiden Ämtern nachfolgte. Er setzte dessen Reformwerk fort, und so wurden von Bec aus eine Reihe neuer Klöster gegründet. Wenn wir uns noch einmal die Nähe von Julianas Einsiedelei zur Benediktinerinnenabtei Carrow vor Augen halten sowie auch die hohe Wahrscheinlichkeit, daß sie eng mit diesem Orden verbunden war, erscheint mangels gegenteiliger Beweise Cabassuts Annahme recht stichhaltig.

Anselm beginnt die *Oratio* mit der Anrede des heiligen Paulus als Mutter: „O heiliger Paulus, wo ist die berühmte Mutter und Nährerin der Gläubigen, die ihre Kinder liebt? Wo die liebevolle Mutter, die überall verkündet, daß sie wieder in Wehen liegt mit ihren Kindern?" Diese Worte sind ganz offensichtlich vom Ausruf des Paulus inspiriert: „Meine kleinen Kinder ..." Anselm wendet sich daraufhin an Christus, denn wenn für Paulus Leben ‚Christus' hieß und er solch innige Verbundenheit mit Christus erreichte, daß nicht länger er lebte, sondern Christus in ihm, dann muß die „Mütterlichkeit" des Paulus ihren Ursprung in Christus besitzen: „Doch du, Jesus, mein guter Herr, bist nicht auch du eine Mutter? Ja, wahrlich, wie die Henne ihre Küken unter dem Schutz ihrer Flügel birgt?" Hier bezieht Anselm sich eindeutig auf das von Christus selbst gezeichnete Mutterbild: „Jerusalem, Jerusalem, du tötest die Pro-

pheten und steinigst die Boten, die zu dir gesandt sind. Wie
oft wollte ich deine Kinder um mich sammeln, so wie eine
Henne ihre Küken unter ihre Flügel nimmt, aber ihr habt
nicht gewollt" (Mt 23,37–39). Anselm fährt fort: „Wahrlich, Herr, du bist eine Mutter; denn das, was andere in Mühen hervorbrachten, haben sie durch dich empfangen." Aus
dem folgenden wird deutlich, daß Anselm hier (unter müt-
terlichem Aspekt) an die ‚geistliche Elternschaft' derjenigen
denkt, die wie Paulus als beauftragte Diener das Heilswerk
Christi fortführen. Anselm sagt dann: „Denn du bist zuvor
gestorben und gebarst dabei diese und diejenigen, die sie
hervorbrachten, und im Sterben schenktest du Leben ...
Denn aus dem Wunsch, Kindern das Leben zu schenken,
schmecktest du den Tod, und im Sterben gebarst du."[106]

Christus also wird als Ursprung, alle anderen als seine
Diener betrachtet: „deshalb bist du, Herr Gott, mehr als alle
Mutter." Anselms Bekenntnis „Wahrlich, Herr, du bist eine
Mutter ..." erinnert an den Satz Julianas: „Er ist es, der es
tut (d. h. hervorbringt) in den Geschöpfen, durch die es geschieht" (60). Doch denkt *sie* nicht an die Ausübung
kirchlicher Autorität, kirchlichen Dienstes, Mütterlichkeit
ist für sie vielmehr natürlicher Widerschein, bzw. Ursym-
bol für den schaffenden und neu schaffenden Christus. Anselm wendet sich in seinem Gebet wieder an Paulus und
nimmt selbst die Haltung geistiger Kindschaft ein, vor ihm
wie vor Christus: „Ihr offenbart euch als Mütter, und so er-
scheine ich vor euch wie ein Kind." Dann aber wendet er
seine Aufmerksamkeit ganz Christus zu: „So laufe denn,
meine Seele, die du durch deine eigenen Taten abgestorben
bist, hin unter den Schutz der Flügel Jesu, deiner Mutter,
und beklage dort deine Traurigkeit ... Mutter Christus, du
sammelst deine Kleinen unter deinen Flügeln, dieser tote
Sohn wirft sich unter deinen Schutz. Denn durch deine
Freundlichkeit werden die Ängstlichen getröstet, und

durch deinen süßen Duft werden die Verzweifelten aufgerichtet. Deine Wärme belebt die Toten, deine Berührung macht Sünder heil. Oh, erkenne deinen toten Sohn an und mache ihn dir zu eigen, Mutter, wärme deine Kinder wieder ..." [107]

Ganz ähnlich schließt auch Juliana ihr Kapitel über die Mütterlichkeit: „Und ich begriff, daß es in diesem Leben keinen höheren Stand gibt als den der Kindschaft". Ihre Antwort auf die Frage, warum diese weiblich-mütterliche Bildersprache in den Jahrhunderten nach Anselm solche Blüten trieb, ist vielleicht zum Teil aus dem Zusammenhang der affektiven Frömmigkeit des Mittelalters heraus zu sehen. Diese, so Caroline Walker Bynum, „basierte auf einem wachsenden Gespür für das Geschaffensein des Menschen ‚in Bild und Gleichnis' Gottes einerseits und dem Gespür für die Menschlichkeit Christi als der Garantie, daß alles, was wir sind, unlösbar und zutiefst mit der Gottheit verbunden ist andererseits. Schöpfung und Menschwerdung werden mehr betont als Sühne und Gericht. Christus wird als der Vermittler gesehen, der unsere Substanz mit der Gottheit vereint, und als der, in dem eine tiefe, erfahrbare Einheit besteht. Gottes Schaffen und Schöpfertum werden betont, der Akzent liegt auf dem Zusammenwirken der Dreieinigkeit im Schöpfungswerk. Der Grundton der Frömmigkeit ist optimistisch und bestimmt vom Gefühl der Bewegung hin zu einem liebenden Gott. Die Konzentration auf die Eucharistie und das Leiden Christi in der Passion, die in der Frömmigkeit des 13. und 14. Jahrhunderts zunimmt, bedeutet nicht, daß in erster Linie das Opfer betont wird, das nötig ist, um die enorme Kluft zwischen uns Sündern und Gott in seiner Herrlichkeit zu überbrücken; vielmehr ist sie eine Identifizierung mit der Tatsache, daß Christus das ist, was auch wir sind." [108] Juliana paßt gewiß in das hier gezeichnete Bild, denken wir nur an ihren „heimelig-vertrauten" und „höflich, zärtlich liebenden" Gott, an ihren Optimismus und ihr Vertrauen, daß ein liebender Gott, in dem kein Zorn ist, schließlich alles gut machen kann und will. Ihre Einzigartigkeit liegt nun nicht in der Wiederholung der schon von anderen verwandten Bilder und auch nicht darin, daß sie diese Vorstellungen in einer umfassenden Synthese vereint. Ausgehend von ihren Visionen dringt sie zum Herzen aller Vorstellungen von Mutterschaft und Mütterlichkeit vor. Damit dringt sie aber auch zu der Realität vor, von der jede menschliche Mutterschaft nur ein geschaffenes Abbild ist: ein geschaffenes Abbild dessen, was im tiefsten Wesen der Gottheit verborgen ist.

In den folgenden abschließenden Kapiteln wollen wir zeigen, wie ihr dies gelingt.

ZWEITER TEIL

Die Mütterlichkeit Gottes in Christus bei Juliana

In keiner ihrer Offenbarungen sieht Juliana Christus direkt als Mutter. Mehrere ihrer Visionen (und zwar die, die den sterbenden Christus zeigen) haben zweifelsfrei Bild-Charakter. Juliana kann das Geschaute jedoch mit sprachlicher Genauigkeit und großer schöpferischer Kraft wiedergeben. Es kann daher nicht an ihrer mangelnden Vorstellung oder etwa an unzureichendem Sprachvermögen liegen, wenn sie die ‚Mütterlichkeit' nicht so bildhaft ausschmückt wie viele andere Autoren, die davon sprechen. Jesus ist bei Juliana keine geschlechtlich zweideutige Gestalt. Stets sagt sie: „*Er* ist unsere Mutter." Ihre Theologie der Mütterlichkeit reift langsam heran und ist zutiefst philosophisch und intellektuell geprägt. Es geht ihr um die Wirklichkeit hinter den Bildern. Die emotionalen Obertöne, an denen es nicht mangelt, erwachsen aus diesem Wissen. Sie benutzt die Bilder aber keineswegs, um in Gefühlen über Mutterschaft zu schwelgen.

Die Tatsache, daß Juliana eine Frau ist, wirkt sich noch in einem anderen Sinn aus: Männliche Ambivalenzgefühle gegenüber der Frau und der Mutter, d. h. Angezogensein durch das, was beschützt und nährt, und gleichzeitiges Abgestoßensein vor dem, das verführt und verschlingt (Gefühle, die bei männlichen Autoren nicht selten durchschlagen), sind ihr fremd. Auch ihre Theologie der Mütterlichkeit ist davon frei. Sie kann sehr handfest über Mütterlichkeit sprechen. Unseren Sündenfall vergleicht sie damit, wie kleine Kinder sich beschmutzen: „Aber unsere gütige Mutter will nicht, daß wir dann vor ihr fliehen; denn nichts wäre ihr verhaßter. Sondern wir sollen dann wie die Kinder tun. Denn wenn ein Kind krank oder geängstigt ist, läuft es schnell zur Mutter; und wenn es nichts zu tun vermag, ruft es die Mutter laut um Hilfe an. Auch wir sollen so demütig sein wie das Kind und sprechen: ‚Meine gütige Mutter, meine gnadenreiche Mutter, meine teure, liebe Mutter, habe Erbarmen mit mir! Ich habe mich selbst erniedrigt und dir unähnlich gemacht, und ich darf und kann es nur sühnen mit deiner Hilfe und Gnade' " (61). Dann wird Christus „wie eine weise Mutter" handeln und uns wieder zu schuldloser Reinheit führen (wie modern sie sein kann!). Juliana besitzt ein weibliches unsentimentales Verständnis um alles, was Muttersein bedeutet. Sie wertet sie aber auch nicht ab. Sie bleibt sich selber treu und ändert den gewählten Weg nicht, um sich etwa aufkommenden Gefühlen von Schuld und Sünde hinzugeben. Es findet sich bei ihr nichts von der Auffassung, die die Mutterschaft als einen Fluch sieht, der den Frauen nach dem Sündenfall auferlegt wurde: einer Sicht immerhin, die sogar noch heute von manchen Theologen vertreten wird.[109] Auch erscheint bei ihr keine fromme Variation des Themas ‚Frau als Objekt'; alle mütterlichen Funktionen werden von der Zweiten Person der Dreifaltigkeit wahrgenommen und sind in höchstem Maße personales Tun. Zwar steht Juliana ganz verwundert vor der ‚schlichten Liebe' Gottes, der so tief herabsteigen kann, um uns in unseren niedrigsten Bedürfnissen zu dienen. Doch er kommt, um „das süße natürliche Amt liebenswerter Mutterschaft" (59) auszuüben. In der Menschwerdung sagt er ja dazu, *niedrig,* jedoch nicht *erniedrigt* zu werden.

V

Die Mutterschaft im Schöpfungsakt

Juliana steht in der Tradition religiösen Denkens einzigartig da, insofern sie die mütterliche Rolle Christi bis auf den Akt der Erschaffung des Menschen zurückführt, noch bevor sie ihren Blick auf sein Erlösungswerk richtet. Ja, gerade weil er bereits „unsere Mutter schon dem geistigen Wesen der Natur nach ist" (58), erscheint sein mütterliches Amt in der Menschwerdung als so angemessen und richtig.

In ihrer Auseinandersetzung mit den zwei ‚Gerichten‘, dem der Kirche gegenüber Sündern, die Zorn verdienen, und dem in der ‚Offenbarung‘ geschauten, „in dem ich Ihn uns keine Schuld zuweisen sah", entwickelt sie die Unterscheidung zwischen ‚Wesen‘ und ‚Sinnenhaftigkeit‘. In dieser Unterscheidung benutzt sie diese Worte, um ihre eigene Vorstellung – oder Vorstellungen – auszudrücken; sie ist in der Verwendung der Begriffe nicht ganz konsequent. Bei ihrem Versuch (der unzureichend bleiben muß), die zentrale Eingebung ihrer Vision zu vermitteln, kommt es zu einigen Überzeichnungen und Sinnverschiebungen in der Verwendung traditioneller Begriffe. Die folgenden Überlegungen werden sich auf die Verwendung des Begriffs ‚Wesen‘ konzentrieren, der für ihre Lehre von der Mütterlichkeit am bedeutsamsten ist.

Juliana verwendet diesen Begriff nicht in seiner scholastischen Bedeutung. Wenn sie vom Wesen des Menschen spricht, meint sie damit nicht unser Dasein als vernunftbegabte Lebewesen, das unser Menschsein ausmacht, sei es in universaler Hinsicht oder mit Blick auf den einzelnen.

Selbst wo sie von der Seele sagt, sie sei „ihrer Natur und ihrem Wesen nach immer Gott gleich" (wobei wahrscheinlich Natur und Wesen synonym gebraucht sind) fügt sofort hinzu: „wenn sie durch die Gnade erneuert ist" (43). Wir können daraus schließen, daß sie nicht im Sinne einer abstrakten Spiritualität bloß an die Ähnlichkeit der menschlichen Seele mit Gott denkt, sondern immer den ganzen von Christus erlösten Menschen im Blick hat.

Sie verwendet diesen Begriff auch für die menschliche Seele von Christus: „. . . aber (das vollkommenste Wesen), die höchste Tugend ist die heilige Seele Christi" (53). Dann aber wird der Begriff in einen alles umschließenden Vorstellungsbereich hinein erweitert: „Wo die selige Seele Christi ist, dort ist die Substanz (das Wesen) aller Seelen, die in Christus gerettet werden sollen" (54).

Daraus kann man schließen, daß der Begriff „Wesen" der erlösten Menschheit die Würde verleiht, wie sie im ewigen Plan Gottes existiert, der in Christus bereits vollendet ist. So kann sie sagen: „Gott richtet uns, indem er auf unser freundliches Wesen blickt, das in ihm immer eins bleibt, ganz und sicher in Ewigkeit" (45). Im folgenden Abschnitt spricht sie davon, daß Gott „sein hohes endloses Leben in unserem freundlichen Wesen" hat, und sie schließt: „unser freundliches Wesen ist nun verherrlicht in Gott, und so war es seit der Erschaffung, und so wird es in Ewigkeit bleiben." So kann sie auf diesem Hintergrund vom einzelnen sagen, daß „im Angesicht Gottes die Seele, die gerettet werden soll, niemals tot war und nie sterben wird" (50 [110]).

Juliana präzisiert nun ihre mehrmals wiederholte Behauptung, daß „unser Wesen in Gott ist" (55, 57). Julianas Ausführungen sind natürlich im Rahmen der scholastischen Gedankenwelt zu verstehen. Im Werden des menschlichen Körpers verliert die präexistente Materie (die notwendig bereits als Gestalt existiert) diese Gestalt und erhält eine andere gemäß den Gesetzen der materiellen Welt: „Als Gott des Menschen Leib erschaffen sollte, nahm er den Schlamm der Erde, der aus allem möglichen gemischt ist. Daraus erschuf er des Menschen Leib." Doch die menschliche Seele wurde ex nihilo, aus nichts heraus geschaffen: „So ist des Menschen Seele ... von nichts gemacht, das heißt, von nichts, das geschaffen ist." – „Aber um die menschliche Seele zu erschaffen, wollte er nichts nehmen, und so schuf er sie."

Juliana erkennt etwas von der engen Gemeinschaft zwischen Schöpfer und Geschöpf, die in dieser Schöpfung ex nihilo begründet liegt. Diese Unmittelbarkeit ist der Grund, warum „daher ... nie etwas zwischen Gott und des Menschen Seele treten [kann und wird]". „So ist des Menschen Seele von Gott geschaffen und daher eng mit Gott verbunden." – „So ist das Geschöpf ganz natürlich verbunden mit dem Schöpfer. Das Unerschaffene aber ist Gott" (53).

Hier zeigt Juliana, wie so oft, daß sie eine echte theologische Unterscheidungsfähigkeit besitzt. Sie stellt zunächst fest, daß die menschliche Seele aus nichts erschaffen wurde – und macht dann sofort Einschränkungen. Sie will den Irrtum vermeiden, hinter dem ‚nichts‘, dem nihil, könne sich etwas Stoffliches verbergen, sozusagen eine materia prima, und sei es auch eine materia prima sozusagen geistlicher Art, aus der die Seele erschaffen wurde. Sie läßt das Geheimnis der Lehre von der creatio ex nihilo in vollem Gewicht zutage treten: „So ist des Menschen Seele geschaffen" (d. h. wirklich geschaffen und daher von Gott verschieden), „von nichts gemacht, das geschaffen ist" (wahrhaftig ex nihilo). Sie vermeidet mit demselben Geschick den gegensätzlichen Irrtum, wonach die Seele Teil Gottes sei, weil sie allein seinem schöpferischen Handeln entspringt: „Ich sah keinen Unterschied zwischen Gott und unserem Wesen, sondern es war, als sei alles göttlich. Dennoch begriff ich, daß unser Wesen in Gott ruht, daß heißt, daß Gott Gott ist und unser Wesen ein Geschöpf in Gott" (54). Juliana macht klar, was die Schöpfung aus dem Nichts auf keinen Fall bedeuten kann. Was sie aber bedeutet, wird von ihr als Teil eines Mysteriums begriffen, das in diesem Leben noch nicht gänzlich verstanden werden kann. Einige Konsequenzen sind jedoch auch auf dieser Welt schon erkennbar. Dazu gehört die innige Beziehung der geistbegabten Geschöpfe zu Gott.

Im ,Wesen' der Menschheit ist die Seele Christi, die selbst erschaffen wurde, der Brennpunkt, der Kern aller menschlichen Seelen, die sie gewissermaßen enthält: „Aber die vollkommenste und höchste Tugend ist die heilige Seele Christi" (53). Und: „Wo die heilige Seele Christi ist, da ist auch das Wesen aller Seelen, die durch Christum erlöst werden sollen" (54). Die Vereinigung der Seele Christi mit den Seelen der Erlösten ist ausgesprochen direkt: „In seiner großen, unendlichen Liebe für die ganze Menschheit läßt Gott nicht zu, daß auch nur die geringste Seele, die erlöst werden soll, von der heiligen Seele Christi getrennt würde" (54).

Das ,Wesen' der erlösten Menschheit ist so sehr mit seinem Wesen verbunden, daß man sagen kann, die Menschheit sei „eingeschlossen in Jesus mit der seligen Seele Christi, die in der Gottheit ruht" (56). Infolge dieser Einsichten erkennt Juliana auch, daß die menschliche Natur, „dieses edle Geschlecht", „zuerst für seinen eigenen Sohn, die zweite Person der Dreieinigkeit, bestimmt wurde ... er schuf uns alle zugleich. Und als er uns schuf, verband und vereinte er uns mit sich selbst" (58). Diese Sicht des ganzen Christus, der menschgewordenen zweiten Person, die in sich alle „enthält", welche am Ende mit dem Los der menschlichen Natur in Christus verwoben sein werden –

diese Enthüllung, „wie jenes Geheimnis Wirklichkeit geworden ist, das von Ewigkeit her in Gott, dem Schöpfer des Alls, verborgen war" (Eph 3, 9) –, bringt Juliana nun zu ihrer Sicht Christi als Mutter: „Da sah und erkannte ich, daß die hehre Macht der Dreieinigkeit unser Vater ist" (Macht ist also das Attribut des Vaters[111]), und die tiefe Weisheit der Dreieinigkeit unsere Mutter" (Weisheit ist Attribut des Sohnes, der das Wort des Vaters ist). Diese Mutterschaft besteht „durch unsere Erschaffung nach dem wesenhaften Sein" (59). Juliana denkt allerdings nicht an zwei verschiedene Momente oder gar Stufen in der Erschaffung des Menschen, etwa einer ersten „nach dem wesenhaften Sein", einer zweiten „nach der Gnade". Es geht hier allein um logische Prioritäten. Nach Juliana ist jedoch die gesamte Schöpfung in der Mutterschaft der „ersten Schöpfung" verwurzelt, geht aus ihr hervor: „die zweite Person (ist) unsere Mutter dem geistigen Wesen der Natur nach" (58); „so ist Jesus unsere wahre Mutter in der Erschaffung" (59); „die Mütterlichkeit Gottes zeigt sich in einem Dreifachen. Erstens: Gott ist der Grund unserer Erschaffung; zweitens: Gott nimmt unsere Gestalt an: hier beginnt die mütterliche Gnade; drittens: Gott wirkt ewiglich, und er fördert alles durch seine Gnade weit und breit, in der Höhe und in der Tiefe und alles geschieht aus einer großen Liebe" (59); „so ist unser Leben gegründet in unserer wahren Mutter Jesus, in ihrer ewigen vorausschauenden Weisheit dessen, der ohne Anfang ist" (63).

Für Juliana läßt sich also die Tatsache, daß alle Menschen ihre Vorherbestimmung in Christus besitzen, am besten so ausdrücken, daß Christus Mutter ist. Die Mutterschaft oder Mütterlichkeit Jesu wird mit der Weisheit Gottes verbunden und mit ihr gleichgesetzt. Schon in der kurzen Version lassen sich eine Reihe triadischer Anrufungen der Dreieinigkeit finden: „Gott, der all-mächtig, all-weise und

all-liebend ist" (3), „All-Macht, All-Weisheit, All-Liebe" (5);
„höchste Macht, höchste Weisheit, höchste Güte" (22).

Dies wiederholt sich in der *LV* an vielen Stellen. Manchmal variiert Juliana die Reihe der Eigenschaften Gottes
leicht, nie jedoch schreibt sie dem Sohn eine andere Eigenschaft als die Weisheit zu. Und genau in dieser Weisheit erblickt sie die Mütterlichkeit Gottes in bezug auf uns
Menschen: „Die tiefe Weisheit der Dreieinigkeit ist unsere
Mutter, in der wir beschlossen sind" (54). „... und Gott, die
All-Weisheit, ist unsere freundliche Mutter" (ebd.). „... Der
göttliche Kern unseres Wesens ist in unserer Mutter Gott,
dem All-Weisen" (58). „Ich bin die Weisheit und Milde der
Mutter" (59).

So entwickelt Juliana – ihre Gedanken fortführend – immer deutlicher aus der Weisheit Gottes auch seine Mütterlichkeit. Diese Weisheit Gottes wird der zweiten Person
zugeschrieben, daher spiegelt eben die zweite Person als
„Weisheit des Vaters" auch diesen mütterlichen Aspekt
Gottes wider [112]. Die Zuordnung der Weisheit zur zweiten
Person, zum Sohn, hat ihren Grund schon im Neuen Testament. Paulus schreibt an die Korinther, er predige „Christus, Gottes Kraft und Gottes Weisheit ... den Gott für uns
zur Weisheit gemacht hat" (1 Kor 1, 24.30). Und im Brief an
die Kolosser heißt es: „Er ist das Ebenbild des unsichtbaren
Gottes, der Erstgeborene der ganzen Schöpfung" (Kol 1, 15).
Paulus greift hier auf das alttestamentliche Buch der Weisheit zurück: „Denn sie (die Weisheit) ist ein Abglanz des
ewigen Lichtes und ein makelloser Spiegel des Wirkens
Gottes und ein Abbild seiner Güte" (Weish 7, 26). Der Verfasser des Hebräerbriefes bezieht sich ebenfalls auf diesen
Vers (in Verbindung mit dem vorhergegangenen: „Sie ist ja
ein Hauch der Kraft Gottes und ein reiner Ausfluß der
Herrlichkeit des Allherrschers ...") und wendet ihn auf
Christus an: „er ist der Abglanz seiner Herrlichkeit und das

Abbild seines Wesens; er trägt das All durch sein machtvolles Wort" (Hebr 1,3).[113] Im Prolog des Johannesevangeliums wird das Wort, die Weisheit (das Weisheits-Wort) mit Jesus identifiziert: „Am Anfang war das Wort, und das Wort war bei Gott, und das Wort war Gott. Am Anfang war es bei Gott ... und die Finsternis hat es nicht erfaßt." Auch hier finden wir wieder einen Rückbezug auf dasselbe Kapitel im Buch der Weisheit, wo es heißt: „weil auf das Licht die Nacht folgt, gegen die Weisheit aber die Bosheit machtlos ist" (Weish 7,30).

Der Abschnitt im 6. Kapitel des Johannesevangeliums, der mit den Worten „Ich bin das Brot des Lebens; wer zu mir kommt, wird nie mehr hungern, und wer an mich glaubt, wird nie mehr Durst haben" (6,5) beginnt, führt uns zu einem weiteren Buch der Weisheitsliteratur, dem Buch der Sprüche. Dort heißt es: „Kommt und eßt mein Brot, trinkt den Wein, den ich bereitet habe" (9,5). Auch in den synoptischen Evangelien finden sich Spuren einer Weisheits-Christologie. Lk 2,40 lesen wird: „Das Kind wuchs heran ... Gott erfüllte es mit Weisheit." Nachdem man den Knaben im Tempel wiedergefunden hatte, wo sich alle, die ihm zuhörten, über seinen Verstand wunderten, ging er mit den Eltern nach Hause und „seine Weisheit nahm zu, und er fand Gefallen bei Gott und den Menschen" (Lk 2,52). Hier wird angespielt auf Spr 3,4: „Dann findest du Gunst und Wohlgefallen vor den Augen Gottes und der Menschen." Im Matthäusevangelium kommen die Weisen, um Jesus zu huldigen, um ihre Weisheit zu Füßen der menschgewordenen Weisheit niederzulegen (Mt 2,2).

Bei Markus fragt das Volk: „Was ist das für eine Weisheit, die ihm gegeben ist ..." (Mk 6,2).

Dann wird (wieder bei Matthäus) Jesus als jemand gesehen, dessen Weisheit der Weisheit Salomos, dem Urbild des Weisen, überlegen ist: „Hier aber ist einer, der mehr ist als

Salomo" (Mt 12, 42). In den Seligpreisungen findet sich ein Widerhall der alttestamentlichen Sprüche. So lädt Jesus, nach Matthäus, ein: „Kommt alle zu mir, die ihr euch plagt und schwere Lasten tragt ... Nehmt mein Joch auf euch und lernt von mir; denn ich bin gütig und von Herzen demütig; so werdet ihr Ruhe finden für eure Seele. Denn mein Joch drückt nicht, und meine Last ist leicht" (Mt 11, 28–30). Ebenso ergeht am Ende des Buches Jesus Sirach an die „Unwissenden" die Einladung: „Beugt euren Hals unter das Joch der Weisheit" (Sir 51, 26).

Bei Matthäus und Lukas sehen wir Jesus, der über Jerusalem trauert: „Jerusalem, Jerusalem, du tötest die Propheten und steinigst die Boten, die zu dir gesandt sind. Wie oft wollte ich deine Kinder um mich sammeln, so wie eine Henne ihre Küken unter ihre Flügel nimmt; aber ihr habt nicht gewollt. Darum wird euer Haus verlassen. Und ich sage euch: Von jetzt an werdet ihr mich nicht mehr sehen, bis ihr ruft: Gesegnet sei er, der kommt im Namen des Herrn" (Mt 23, 37–39; Lk 13, 34–35). Christa Mulack meint mit Berufung auf Felix Christ: „Daß es sich bei dieser Wehklage um ein jüdisches Traditionsstück handelt, dessen Sprecher die Weisheit ist, scheint heute unbestritten zu sein. Dafür ist auch das ‚Wie oft ...' ein Indiz, denn es umfaßt einen weiteren Zeitraum als das Leben Jesu. Bultmann schreibt dazu: ‚Das Subjekt dieser Geschichtsreflexion muß ein übergeschichtliches Subjekt sein.'"[114] Die Herausgeber der *Jerusalemer Bibel* glauben hingegen, daß das ‚Wie oft ...' auf ein wiederholtes Auftreten Jesu in Jerusalem anspielt, „von dem die Synoptiker (im Unterschied zu Jo) nichts sagen". Sollte dieser Aufruf über Jerusalem tatsächlich zum Kern der historischen Worte Jesu gehören, so wäre er schon eben wegen der deutlich weiblichen Färbung sehr bemerkenswert: Jesus zögert nicht, sich mit einer Henne, die Schutz gewährt, zu vergleichen. Anselm, so haben wir gesehen, hat dieses Motiv entfaltet: „Mutter Christus, die du deine Küken unter deinen Flügeln sammelst...". Dieses Bild von der beschützenden Mutter-Henne ergänzt das Bild in Deuteronomium vom Vater-Adler, der sein Junges fliegen lehrt, so Balthasar Fischer: „Einem Adler gleich, der sein Nest aufstört und über seinem Jungen schwebt, breitet er aus seine Schwingen, nimmt es auf, auf seinen Fittichen trägt er es" (Dtn 32, 11). Jesus, so Fischer, entwirft das ergänzende Bild „in bewußtem Gegensatz": das Vatersein Gottes wird durch ein Muttersein komplementiert.[115] Die frühesten Werke der Weisheitsliteratur im Alten Testament sind denen der „Nachbarn sehr ähnlich ..., stammen sie doch aus dem gleichen Kulturraum"[116]. Die älteren Teile der *Sprüche* „bieten kaum mehr als Vorschriften menschlicher Weisheit"[117]. Doch im Prolog dieses Buches spricht die göttliche Weisheit, als sei sie eine Person, die von Ewigkeit her in Gott gegenwärtig war und mit ihm beim Schöpfungswerk zusammenwirkte: „Mich hat Jahwe geschaffen als Erstling seines Waltens, / als frühestes seiner Werke von urher. Ich ward vor aller Zeit gebildet, / von Anbeginn, vor den Uranfängen der Erde, ward hervorgebracht, als die Urfluten noch nicht waren, / noch nicht die Quellen wasserreich. Bevor die Berge gegründet waren, / vor den Hügeln ward ich hervorgebracht. Als er das Land und die Fluren noch nicht gemacht, nicht die ersten Schollen der Erde. Ich war dabei, als er den Himmel erstellte, / einen Kreis in die Fläche der Urflut zeichnete. Als er oben die Wolken befestigte, / die Kraft der Urflutquellen bestimmte, Als er dem Meer seine Grenzen setzte, / daß die Wasser nicht sein Geheiß übertraten; als er die Festen der Erde umriß: Da war ich der Liebling an seiner Seite, / war Tag für Tag das Ergötzen, / indem ich die ganze Zeit vor ihm spielte. Da spielte ich auf dem weiten Rund seiner Erde / und hatte mein Ergötzen mit den Menschenkindern" (Spr 8, 22–31). Dazu heißt es in der Einleitung zu den Weisheitsbüchern der *Jerusalemer Bibel*: „In Hiob 28 erscheint sie als etwas von Gott Verschiedenes, der allein weiß, wo sie sich verbirgt. Sir 24 bezeichnet sich die Weisheit selbst als ausgegangen aus dem Mund des Höchsten, im Himmel wohnend und von Gott zu Israel gesandt. In Weish 7, 22 – 8, 1 ist sie eine Ausströmung der Herrlichkeit des Allmächtigen, ein Abbild seines Glanzes. So hebt sich die Weisheit als Eigenschaft Gottes von ihm ab und wird zu einer Person."[118] Geht es hier aber wirklich nur um ein „literarisches" Stilmittel? Die Exegese zögert im großen und ganzen, Weisheit im Alten Testament als Person zu sehen, obgleich zugestanden wird, daß sie dieser Vorstellung sehr nahekommt[119]. Es kann aber überhaupt kein Zweifel daran bestehen, daß Christus im Neuen Testament als die Offenbarung in menschlicher Gestalt eben dieser Weisheit verstanden wird.

Im Lichte dieser Überlegungen ist von ziemlich großer Bedeutung, daß die Weisheit als weiblich dargestellt wird. Augustinus, der im Johanneskommentar von der „Mutter Weisheit" spricht[120], weist die Vorstellung ihrer Weiblichkeit an anderer Stelle ab: „Sollte man nun annehmen, daß die Weisheit selbst weiblichen Geschlechts ist, nur weil das sie bezeichnende Wort grammatischen Geschlechts nach weiblich ist?"[121] Doch ist es wohl kaum allein eine Frage der Grammatik, daß *Chochma*, die Weisheit, im Hebräischen weiblich ist, wie auch im Griechischen *sophia*, im Lateinischen *sapientia* und folglich auch in allen romanischen Sprachen das entsprechende Wort, wie es auch im Deutschen die Weisheit heißt usw. Die Weisheitsgestalt der alttestamentlichen Texte hat weibliche, mütterliche Konturen. Sie ist die Mutter, deren Söhne „die Versammlung der Gerechten sind", sie schenkt ihren Kindern Leben, beschützt diejenigen, die nach ihr suchen, und wird ihnen auf dem Weg des Heils voranschreiten, wie auch Christus, un-

ser Weg, als Erstgeborener seinen Geschwistern voraufge-
ben wird (Kol 1,18). Sie ist die Mutter, die „mit dem Brot
der Klugheit" und „dem Wein der Erkenntnis" speist (Sir
15,3) und einladend spricht: „Kommt! esset von meinem
Brot / und trinkt vom Wein, den ich gemischt!" (Spr 9,7).
Sie bekleidet sie mit einem Gewand der Herrlichkeit, „Jubel
und Freude findet er, und sie beschenkt ihn mit unvergäng-
lichem Namen" (Sir 15,6). In ihr findet sich „alle Gnade des
Weges und der Wahrheit, alle Hoffnung des Lebens und
alle Kraft" (Sir 24,18), sie hat von Anbeginn an geheilt
(Weish 9,19), bewahrt (Weish 10,1), und schon vom ersten
Menschen, Adam, an von der Sünde befreit (Weish 10,1)
und von Sorgen erlöst (Weish 10,9). Ja, wenn man die Kapitel über die Mutterschaft Christi bei Juliana liest, scheinen
sie nicht als ein Kommentar zu diesen Texten zu sein. Es ist
also zumindest möglich, daß Juliana den Begriff der Weisheit in seiner Anwendung auf Christus Ergebnis ihrer Betrachtungen zu den aufgeführten Schriftstellen ist und sie
ihn unter dem Blickwinkel ihrer Vorstellung von Christus
als Mutter abgeleitet hat. Wenn es Sir 6,28 heißt „Denn
schließlich wirst du bei ihr Ruhe haben", werden wir an die
Worte Julianas erinnert: „Unser Heiland ist unsere wahre
Mutter, in ihm werden wir ewig geboren, in ihm sollen wir
immer bleiben" (57).[122]

VI

Die Mutterschaft
in der Gnade der ‚neuen Schöpfung‘

Der zweite von Juliana verwendete Begriff zur Bestimmung der menschlichen Natur ist ‚sensuality‘ (die sinnlichen Kräfte). Ebenso wie ‚substance‘, Wesen, erhält dieser Begriff bei Juliana eine ganz spezielle Bedeutung. Er bezeichnet für sie nicht ausschließlich die Fähigkeit des Menschen zur Sinneswahrnehmung oder seine Sinnlichkeit, sie benutzt diesen Begriff vielmehr in einem umfassenderen Sinn: er bezeichnet das Ganze unseres intellektuellen, affektiven, physischen Lebens, das in der Welt von „fleischlichen Naturen" gelebt wird. Er bezeichnet die neben der Körperlichkeit bestehende Rationalität, den spirituellen Intellekt, der im wesentlichen vom Körper unabhängig ist und doch sein Wissen durch die Sinne erhält, um es dann zu abstrahieren. Dies nennt Juliana unsere Sinneskräfte, in dieses hochkomplexe Reich findet die Sünde Einlaß, hier findet der Kampf statt, und hier hat das Urteil der „heiligen Kirche" seine Gültigkeit. Unser wahres Selbst ist das dem „Wesen" gemäße, in dem Gott ewig lebt und sein „hohes, endloses Leben" besitzt. Unsere wechselhafte Sinnenhaftigkeit aber, die einmal so und dann wieder ganz anders erscheint, zwingt das Selbst in die verschiedensten Richtungen: „Manchmal ist es gut und milde, und manchmal ist es hart und grausam" (45).

Die Schwierigkeit wird noch dadurch erhöht, daß die Erkenntnis des Selbst immer begrenzt ist: Wir wissen, *daß* wir geschaffen und für Gott bestimmt sind, doch besitzen wir keine volle, vollständige Erfahrungskenntnis von diesen

Dingen: „Aber unser vergängliches Leben hier ... und unsere menschliche Natur weiß nicht, was unser eigentliches Wesen ist ... dann werden wir in Wahrheit und Klarheit auch unseren Gott erkennen und die Fülle der Freude haben" (46). Doch empfangen wir Hilfe, so daß wir unser Ziel ersehnen und tun, wozu wir befähigt sind „durch die beständige Kraft und Hilfe des Guten in uns" (46). Juliana unterstreicht, wie wichtig es ist, über dieses Ziel zu meditieren. Doch kann kaum ein Seelenführer realistischer sein als sie, wenn ihr tiefes Wissen um die so fundamentale Unfähigkeit des Menschen, um seine bemitleidenswerte Verwundbarkeit zum Ausdruck bringt: „... der Mensch ist unbeständig in diesem Leben, und aus Einfalt und Unerfahrenheit gerät er in Sünde. Aus sich selbst ist er ohnmächtig und töricht; und auch sein Wille ist blind. Denn ist er in Drangsal und Sorge und Weh. Das kommt daher, weil er blind ist und Gott nicht sieht" (47). Juliana gehört zu denen, die die menschliche Sünde eher in Blindheit verwurzelt sieht als in der freiwilligen Wahl des Bösen *als* Bösen. Sie befindet sich hier ganz in Einklang mit dem modernen Bewußtsein, daß seelischer Druck und komplexe Umstände unser Verhalten und unsere Wahl beeinflussen.[123] In diesem Dilemma des gefallenen, entfremdeten Menschen, an dieser „Widerspenstigkeit unserer Natur ... Wurzel unserer ersten Sünde und aller folgenden Verfehlungen" (47) werden nun Gottes Erbarmen und Gnade wirksam. Erbarmen ist Eigenschaft der göttlichen Mütterlichkeit: „Die Barmherzigkeit ist so mitleidig wie eine Mutter in ihrer zarten Liebe." Barmherzigkeit ist immer am Werk: „Die Barmherzigkeit schützt und duldet, sie erquickt und heilt, und alles geschieht aus inniger Liebe" (48). Wieder sehen wir, wie Juliana sich intuitiv im Einklang mit der Heiligen Schrift befindet: das hebräische Wort für ‚Barmherzigkeit' ‚ráhám' ist von ‚ráhămim', ‚Mutterschoß' abgeleitet. Hanna-

Barbara Gerl meint dazu: „Wenn Gott bei seinem Mutterschoß angerufen wird, kann er nicht widerstehen ..."

Auch die Gnade, eine Eigenschaft des „königlichen Herrschertums", ist in uns wirksam: „Die Gnade aber ... erhebt und gibt reichen Lohn, der alles übertrifft, was wir für unsere Liebe und Mühe verdient haben ... Das geschieht aus dem Übermaß an Liebe" (48). An dieser Stelle ist die Mütterlichkeit Gottes zum ersten Mal ausdrücklich erwähnt, obwohl bereits im fünften Kapitel die Liebe Gottes implizit als mütterliche Liebe erscheint: „Er ist unser Gewand, das uns voll Liebe einhüllt, uns umschlingt und uns ganz bekleidet und an uns hängt mit zarter Liebe" (5).

Nach der erwähnten Stelle folgt bald das Gleichnis vom Herrn und seinem Diener. Der Schatz in der Erde, den der Herr liebt und mit dem die entfremdete Menschheit gemeint ist, gehört als einziger Teil der Schöpfung nicht ganz Gott an; denn die Menschheit hat sich aus freiem Willen von ihm abgewandt. Der Diener, der „in sich endloses Leben und jegliche Güte besitzt, rettete den Schatz, der in der Erde geborgen war" (51), er arbeitet, um den Schatz wieder Gott zuzueignen. Schließlich bringt er ihn vor den Herrn „in sich selbst gegenwärtig".

Aus diesem Gleichnis, das man als eine Entwicklung des paulinischen Gedankens des in Christus-Seins bezeichnen kann, entwickelt Juliana die Gedanken von der Mutterschaft Christi nach unserem sinnenhaften Sein. Christus, der vom Vater kommend in menschliche Existenz eintritt, wird in einem zweiten Sinn unsere Mutter, indem er uns „neu schafft": er ist auch „unsere Mutter nach dem sinnenfälligen Teil aus Barmherzigkeit" (58). Er ist also unsere Mutter „in mancherlei Wirken". Die Mutterschaft im Schöpfungsakt wird vervollständigt durch die Mutterschaft aus Barmherzigkeit, aus Gnade.

Es ist gelegentlich auf Julianas entschieden dualistisches

Menschenbild hingewiesen worden. Doch nur, wenn sie das Dilemma des Menschen „hier auf Erden" (in via), in dem das Gesetz des Geistes mit einem „anderen Gesetz in meinen Gliedern" (wie Paulus es nennt) im Kampf liegt, zur Sprache bringt, macht sie diese Unterscheidungen, bringt sie die zwei verschiedenen Elemente in Verbindung. Der Glaube, der in unserem Wesen, unserer Substanz, besteht, dringt durch den Heiligen Geist in den sinnenfälligen Teil unserer Seele (57). In unserem „Wesen" sind wir in Gott. In unserer *„sinnenfälligen* Seele" ist Gott, doch die Seele ist *eine* Seele, ist eine Einheit, die zudem auch mit unserem Körper eine Einheit bildet. Nach Paulus hat Gott in Christus uns alles gegeben, und so sagt Juliana: „Alle Gaben, mit denen Gott seine Geschöpfe bedenken kann, hat er seinem Sohn Jesus für uns gegeben. Diese Gaben alle hält er in sich verschlossen bis zu der Zeit, da wir an Leib und Seele gleichermaßen gereift sind. *Und die Seele unterstützt den Leib und der Leib die Seele,* bis wir reif geworden sind" (55, Hervorhebung von mir). So erneuert Gott, der den Menschen als Einheit geschaffen hat, diese Einheit wieder, weckt aus „zweifachem Tod". Die Erneuerung findet erst statt „zu der Zeit, da die Zweite Person der Dreieinigkeit den niederen Teil der menschlichen Natur angenommen hatte, dem in der Schöpfung der höhere Teil vereint war. Diese beiden Teile waren in Christus, der höhere und der niedrigere, doch sind beide eine Seele: der höhere Teil war mit Gott in Frieden, in vollkommener Freude und Herrlichkeit. Der niedere Teil, die Sinnenhaftigkeit, litt um der Erlösung der Menschen willen" (55). Juliana versteht das Handeln Christi in unserer *sinnenfälligen* Natur als eine Heilung. Die Zerrissenheit des Menschen zwischen seiner Sehnsucht nach Gott und den Hindernissen, die aus der gespaltenen, gefallenen Natur des Menschen erwachsen, soll überbrückt werden. „Denn manchmal ist (die menschliche Natur) ...

gut und milde, und manchmal hart und grausam", so haben wir schon gehört. Insofern wir unsere Natur gut und milde finden, sind alle unsere Kräfte für den Augenblick harmonisiert, sie gehören zum Bereich der „Gerechtigkeit". Um uns gegen die harte und grausame Seele unserer Natur beizustehen, bringt Christus uns wirksame Hilfe in seiner und durch seine Menschwerdung: „ ... dann verbessert es (unser Wesen) unser guter Herr Jesus durch Gerechtigkeit und Gnade und die Kraft seines heiligen Leidens und macht es gerecht" (45). In dieser Gerechtigkeit fallen „eigentliches Wesen" und „*sinnenfälliges* Wesen" in eins, die Sinnenfälligkeit erreicht die Berufung des „Wesens". Im Gleichnis vom Herrn und Diener stellt Juliana eine kühne Verbindung her: „Als Adam fiel, fiel auch Gottes Sohn ... Adam fiel vom Leben in den Tod, in die Tiefe dieser elenden Welt ... Gottes Sohn fiel mit Adam in die Tiefe des Jungfrauenschoßes." In diesem ‚Fallen' nimmt Christus unsere menschliche Natur an: „Zu derselben Zeit, da Gott ihm im Leibe der Jungfrau unsere Gestalt gab, nahm er unsere menschliche Seele; dadurch nahm er uns alle in sich auf und vereinigte in sich unser sinnlich-geistiges Wesen. In dieser Vereinigung ward er wahrer Mensch ..." (57). So wird Maria, dadurch daß sie Mutter Christi ist, die Mutter all seiner Glieder: „ ... und dadurch verbindet er alle in sich, die da erlöst werden sollen, und ist wahrer Mensch. So ist unsere liebe Frau auch unsere Mutter. In ihr sind wir alle beschlossen und von ihr geboren in Christo; denn sie, die unseres Heilandes Mutter ist, ist auch die Mutter aller, die in unserem Heiland erlöst sind" (57). Juliana erkennt hier jedoch, daß die Mutterschaft Mariens der im Sohn offenbarten mütterlichen Liebe Gottes entspringt. Wenn auch wir sie als Mutter betrachten dürfen, so kommt das allein daher, daß wir zuvor in Christus enthalten sind. Daher fügt Juliana sofort hinzu: „Und unser Heiland ist unsere wahre

Mutter, in ihm werden wir ewig geboren, in ihm sollen wir immer bleiben (57)".

Die Mutterschaft Christi ist also in bezug auf die menschliche Natur eine Mutterschaft des Wiederherstellens und Erlösens. Gottvater, Sohn und Heiliger Geist wirken zusammen, um die Erlösung und Wiederherstellung des Menschen zu vollenden. Die Rolle des Vaters besteht allerdings darin, unser Sein zu bewahren: dies nicht nur auf der natürlichen Ebene, sondern uns so zu bewahren, wie wir wirklich sind und d. h. konkret: begnadet und vorherbestimmt zur Teilhabe an der göttlichen Natur, der wir schon jetzt, wenn auch noch nicht ganz, teilhaftig sind. „Unser Vater, der Allmächtige, ist unser Schutz und unsere Seligkeit, und er hat das Göttliche in uns geschaffen vor allem Anfang." – „Von der Schöpfung haben wir unser Sein." Der menschgewordene Sohn, der alleine unsere Natur angenommen hat, läßt uns „gedeihen" oder wachsen, und der Heilige Geist, der belohnt, „gibt uns so viel (Erfüllung), daß es all unser Wünschen übersteigt" (58).

Es ist aber doch *ein* Gott, der wirkt, „denn unser eigentliches Wesen ist ganz und ungeteilt in jeder Person, die *ein* Gott ist". Die Annahme der menschlichen Natur durch Gott in Christus, die wohl ein Akt ist, den Vater, Sohn und Geist gleichermaßen wollen, gipfelt allein im Sohn: „Unsere Menschlichkeit aber ist nur in der zweiten Person, Christo Jesu". „Denn in ihm allein wohnt wirklich die ganze Fülle Gottes" (Kol 2, 9), und so sind in ihm „der Vater und der Heilige Geist". Daher spricht Juliana stets davon, daß wir unserem Wesen nach *in* Gott sind, da wir Gott, aus der Sicht der Ewigkeit, nie verlassen. Wenn sie aber von unserem sinnenfälligen Wesen spricht, sagt sie stets, daß Gott *darin* ist. Denn von Gottes Seite bedeutet es ein ‚Herausgehen', eine Sendung in die Schöpfung hinein, ein Wirken ad extra. Für Juliana wird der Sohn durch die Annahme der menschlichen Natur auf doppelte Weise zur Mutter aller, die erlöst werden sollen: „Ferner sah ich, daß die zweite Person, unsere Mutter nach dem geistigen Wesen, es auch nach der sinnenfälligen Erscheinung geworden ist. Denn Gott gab uns bei der Schöpfung dies Zweifache: Wesenhaftes und Sinnenfälliges. Unser Wesenhaftes, unseren höchsten Teil, haben wir in unserem Vater, dem Allmächtigen; aber die zweite Person der Dreieinigkeit, die unsere Mutter schon dem geistigen Wesen der Natur nach ist, ist auch unsere Mutter nach dem sinnenfälligen Teil aus Barmherzigkeit, indem sie unsere sinnenfällige Gestalt annahm" (58). Mit dem Annehmen unserer „sinnenfälligen Gestalt" beginnt die „Mutterschaft der Gnade": „So ist Jesus unsere wahre Mutter ... durch die Gnade" (59). Die in einem menschlichen Wesen offenbarte göttliche Weisheit ist „beweglicher als alle Bewegung" (Weish 7, 24): „Gott ist unsere gütige Mutter, unsere gnädige Mutter – in allem wollte er uns Mutter sein. Er legte den Grund zu seinem Werk, als er voller Demut und Milde in der Jungfrau Leib einging ... Unser erhabener Gott in seiner herrlichen Allweisheit ließ ihn herabsteigen in diese Niedrigkeit und tat ihn an mit unserem armen Fleisch, damit er in Mütterlichkeit uns diene in allen Dingen" (60). Indem Gott seinen Sohn sandte, hat er auf ganz konkrete Weise die Bitte um das Kommen der Weisheit erhört: „Sende sie vom Himmel herab und schicke sie vom Throne deiner Herrlichkeit, daß sie mir bei meiner Arbeit helfend zur Seite stehe, und ich erkenne, was dir wohlgefällt" (Weish 9, 10).

Diese Mutterschaft der Barmherzigkeit und Gnade ist das Mittel, durch das „wir wieder zu unserer wahren Heimat kommen, zu der Stätte, zu der wir durch die mütterliche freundliche Liebe bestimmt sind, die uns niemals verläßt". Diese Mutterschaft bringt die Menschheit also wieder in ihre wahre Heimat gemäß dem göttlichen Schöpfungsplan. Im Anlegen der Menschennatur, sagt Juliana, „erquickt" Christus uns, d. h., er macht lebendig. Diese Offenbarung Gottes in einem menschlichen Wesen ist selbst eine Folge der Barmherzigkeit, und auf die Barmherzigkeit werden alle mütterlichen Aufgaben und Taten zurückgeführt: „Die Barmherzigkeit schützt und duldet, sie erquickt und heilt" (48). Das gesamte Erdenleben des Herrn hat diesen mütterlichen Zug: „So erhielt er uns in seiner Liebe." Die Quelle aller Mütterlichkeit trägt seine Glieder, seine Kirche in sich durch dieses Erdenleben. Juliana erwähnt in ihrem ganzen Buch zwar kaum das irdische Leben Jesu, seine Gleichnisse, Wunder, Begegnungen. Doch glaube ich, daß dieses ‚Beleben', von dem sie spricht, in Jesu öffentlichem Wirken, seinem Lehren, seinem Herausfordern, seinem Aufrufen zu erfahren ist: Bei einigen stößt er auf Ablehnung, andere folgen ihm jedoch voll Eifer, ihre Seelen erhalten neues Leben, neue Hoffnung durch die Erkenntnis, daß hier einer ist, der lehrt wie kein anderer, der *ist,* was er lehrt: Weg, Wahrheit, Leben ...

Jesus benutzt das Bild einer Geburt, um seinen Jüngern die Besorgnis und Verwirrung vorauszusagen, die sie bei seinem nahenden Abschied überfallen wird: „Wenn die Frau gebären soll, ist sie bekümmert, weil ihre Stunde da ist; aber wenn sie das Kind geboren hat, denkt sie nicht mehr an ihre Not in der Freude, daß ein Mensch zur Welt gekommen ist" (Joh 16, 21). Jesus vergleicht hier zwar seine *Jünger* mit der Frau, die gebären soll, doch einige Verse weiter im Johannesevangelium wendet er das Bild auf sich selbst an: *seine* Zeit ist gekommen, *seine* Stunde: „Vater, die Stunde ist da, verherrliche deinen Sohn, damit der Sohn dich verherrlicht. Denn du hast ihm Macht über alle Menschen gegeben, damit er allen, die du ihm gegeben hast, ewiges Leben schenkt" (Joh 17, 1–2).

Die Drangsal der Jünger sollte nur ein Vorspiel für die

Geburt einer neuen Schöpfung in Christus sein, doch *seine* Drangsal ist nicht nur ein Vorspiel, sondern der Schmerz, der einer Geburt vorangeht. Der Freude über die Geburt eines Kindes gehen große Schmerzen und Wehen voraus; Christus, der eine menschliche Existenz auf sich nimmt, um der Menschheit die Geburt zur Gotteskindschaft zu ermöglichen, erreicht sein Ziel unter ähnlichen Bedingungen, die für ihn Sorgen, ja den Tod bedeuten. Denn „unsere Krankheiten hat er getragen, unsere Schmerzen hat er auf sich geladen" (Jes 53,4).

Der Prozeß des „Belebens", von dem Juliana spricht, gipfelt also in einer Geburt, der Geburt der vielen Geschwister Christi aus seiner durchbohrten Seite nach den Schmerzen und Wehen von Passion und Kreuzigung: „Er mühte sich für uns, bis die Zeit erfüllt war und er die schärfsten Dornen und die schrecklichsten Schmerzen, die es jemals gab und je geben wird, erdulden wollte und schließlich starb. Und als er das vollbracht und uns so zur Seligkeit geboren hatte, da war seine wunderbare Liebe noch immer nicht zufrieden. Das offenbarte er in diesen herrlichen Worten voller Liebe: ‚Könnte ich noch mehr leiden, so würde ich es gerne tun'" (60). Und dann wieder: „.. in seinem heiligen Sterben am Kreuze gebar er uns zu ewigem Leben" (63).

Diesen Aspekt der Mütterlichkeit haben, wie im fünften Kapitel gezeigt, auch andere mittelalterliche Mystiker hervorgehoben. Für Margarete von Ogynt entsprang daraus ihre Hingabe an den Gekreuzigten. Für die Zurückhaltung Julianas ist es hingegen charakteristisch, daß sie sich weder allzu lange diesem Thema widmet, noch es fromm ausspinnt. Sie wendet sich einer dritten Art der Mütterlichkeit, der „Mutterschaft im Wirken der Gnade" zu.

VII
Die Mutterschaft im Wirken der Gnade

Es kann geschehen, daß eine Mutter bei der Geburt eines Kindes ihr eigenes Leben verliert, während sie neues Leben schenkt. Christus, der „mehr als alle Menschen Mutter" ist, ist auch die opferbereiteste Mutter. So starb er schließlich, während er seine Kinder „geistlich hervorbrachte".

Eine Mutter, die bei der Geburt ihres Kindes ihr eigenes Leben opfert, muß das Neugeborene der Obhut Fremder überlassen. In dieser Hinsicht überschreitet Christus, der „mehr als alle Menschen Mutter" und der Urquell aller Mütterlichkeit ist, einmal mehr die Grenzen der geschöpflichen Mütterlichkeit, „denn er konnte nicht mehr sterben; aber wollte nicht aufhören zu wirken" (60). Im Johannesevangelium sagt er: „Ich will euch nicht als Waisen zurücklassen" (Joh 14, 18). Er stirbt im Leib, um uns dadurch zu neuem Leben zu führen, zu Leben in Gott. Da er wahrer Gott und wahrer Mensch ist, wird sein leiblicher Tod die Quelle für ein Leben im Geist.

Nach den Schmerzen und einer Geburt, die alles an Intensität übertrifft, steht Christus von den Toten auf und setzt sein mütterliches Wirken fort: „Daher wird er uns auch nähren; denn seine teure, werte mütterliche Liebe hat ihn zu unserm Schuldner gemacht" (60). Christus ernährt die Menschen wie eine Mutter das Neugeborene. „Die Mutter kann ihrem Kind ihre Milch geben, aber unsere herrliche Mutter Jesus kann uns mit ihrem eignen Wesen nähren und tut solches gar freundlich und zart im heiligen Sakrament. Das ist die beste Nahrung des wahren Lebens" (60).

Die Eucharistie wird also mit dem Stillen der Nachkommen des menschgewordenen Gottes verglichen, „denn wir sind die Glieder seines Leibes" (Eph 5,30). Juliana geht hier dem konkreten paulinischen Thema der Eingliederung in den Leib Christi ganz auf den Grund. Bei ihr findet sich auch das Echo einer Stimme aus der frühen Zeit des Christentums, der Stimme des Johannes Chrysostomos, der seiner Gemeinde in Antiochien predigt: „Welcher Hirte gibt seiner Herde das eigene Blut zu trinken? Was Hirte! Geben doch sogar viele Mütter nach den Schmerzen der Geburt ihr Kind zu fremden Ammen. Doch Christus kann es nicht ertragen, daß seine Kinder von Fremden genährt werden." [125]

Juliana sieht den Empfang des Leibes und Blutes Christi auch als Seelennahrung, die nicht nur direkt und aus sich selbst heraus wirkt. Sie stellt auch eine enge Vertrautheit mit Christus her. Durch diese Nahrung führt der menschgewordene Gottessohn seine Nachkommen im Geiste zu Gottesschau und ewiger Glückseligkeit: „Die Mutter kann ihr Kind sanft an die Brust legen; unsere holde Mutter, Jesus, aber kann uns traulich in seinem heiligen Herzen eine Heimstatt bereiten durch seine geöffnete Seite und uns da etwas von der Gottheit und den Freuden des Himmels zeigen und unserm Geist die Gewißheit unendlicher Seligkeit geben. Das tat er kund in der zehnten Offenbarung, als er das holde Wort sprach: ‚Siehe, wie ich dich liebe.' Und dabei blickte er voller Freude auf seine heilige Seite hernieder" (60). Diese Sätze folgen unmittelbar ihren Worten über die Eucharistie, offenbar sind sie also damit eng verbunden. Diese Gottesschau, die im Diesseits immer unvollkommen bleiben muß („etwas von der Gottheit"), wird als Frucht des Eucharistieempfangs betrachtet (wir erinnern uns an die im fünften Kapitel erwähnte Erfahrung Katharinas), und ebenso wie die Eucharistie ist sie Seelennahrung.

Diese Struktur ist charakteristisch für Julianas Denken. Betrachtungen über die Menschlichkeit Jesu, die man in ihrer Zeit findet, sind bei all ihrer Empfindsamkeit doch gelegentlich etwas zu stark gefühlsbetont. Bei Juliana erkennt man immer eine feste Lehrstruktur.

Die Eucharistie entfaltet ihre Wirkung nicht auf magische Weise. Empfängt man sie ohne die rechte Grundhaltung, gedanken- und entschlußlos, ohne Sinn für ihre Bedeutung, dann wird sie nie ihre volle Wirksamkeit erreichen. Über unsere endgültige Bestimmung für das geistliche Leben nachzudenken, hat einen großen praktischen Wert: „Es ist Gottes Wille, daß wir unser Denken so oft wie möglich auf die zukünftige Freude und Seligkeit richten" (64). Juliana zeigt großes Verständnis für Schwäche, Versuchungen und Schwierigkeiten (und auch, wie man damit praktisch umgehen kann). Doch wiederholt sie ihre Überzeugung, allzuviel Beschäftigung mit dem Selbst habe keinen Wert. Sich auf den Himmel auszurichten, ist ihrer Überzeugung nach kein geistlicher Höhenflug. Im Gegenteil, „unser Herz auf die himmlische Belohnung zu setzen" (81) ist das beste Mittel, um mutig und „froh unsere Buße zu leben". In der Eucharistie nährt der Herr wie eine Mutter seine Glieder mit sich selbst. Die menschgewordene Weisheit deckt ihren Tisch und ruft einladend: „Wer unerfahren, der kehre hier ein" (Spr 9,4). Auch die anderen Sakramente werden als Teil mütterlicher Vorsorge angesehen: „... durch all die süßen Sakramente ernährt er uns barmherzig und gnädiglich" (60). ‚Mutter Kirche', die Gemeinschaft der Gläubigen, ist gewissermaßen nur eine Verlängerung der Mutter Christus: „‚Ich bin es, den die heilige Kirche predigt und lehrt'. Das heißt: alles Heil und Leben im Sakrament, alle Kraft und Gnade in meinem Wort, all das Gute, das in der heiligen Kirche für dich bereitet ist, all das bin ich" (60).

Zwischen Christus und seiner Kirche besteht also ein so enges Band, daß sie fast identisch sind – „unsere Mutter, die heilige Kirche, d. i. Jesus Christus selbst" (61). Ähnlich auch Irenäus, elfhundert Jahre vor Juliana: „Die keinen Teil an ihr haben, trinken nicht von der Brust der Mutter, setzen ihre Lippen nicht an den reinen Brunnen, der aus dem Leib Christi entspringt."[126] Juliana betont, daß Christus seine Glieder auf verschiedene Weise nährt: durch die Eucharistie und die Heilige Schrift – „alle Kraft und Gnade in meinem Wort" – und durch all die Liebe, die zwischen den Gliedern seines mystischen Leibes fließt, wenn sie seine Liebe einander gegenseitig vermitteln – „in all dem Guten, das in der heiligen Kirche für dich bereitet ist" (60).

Bei der menschlichen Fortpflanzung ist die Mutter viel unmittelbarer am Hervorbringen neuen Lebens beteiligt, und unter diesem Aspekt berührt auch der Sohn Gottes, indem er Mensch wird, das menschliche Wesen unmittelbarer als der Vater. Sein Menschsein nimmt der durch seine Geburt aus der Jungfrau Maria ganz konkret von uns an. Im Fleisch, das durch das Fleisch geworden ist, macht er uns zu „neuen Geschöpfen" im Geist. Diese Wahrheit liegt in den Worten Julianas: „Denn er verachtet nicht das, was er geschaffen hat, noch verschmäht er es, uns zu dienen bei dem geringsten Dienst, den unser Leib seiner Natur nach bedarf, aus Liebe zu der Seele, die er nach seinem eigenen Bilde schuf" (6). Die Mütterlichkeit Christi ist also gekennzeichnet von der Einfachheit, dem demütigen Dienst an der Hilflosigkeit, die auch die menschliche Mutterliebe kennzeichnet. So sieht Juliana die *kenosis,* die Selbstentäußerung, das Annehmen der Knechtsgestalt, von der Paulus spricht (Phil 2, 7).

Christi Liebe und Sorge für alle seine Glieder und in allen Dimensionen, jene Liebe Christi, die alles Verstehen übersteigt (Eph 3, 19), trägt nach Juliana demnach alle Merkmale der Mutterliebe. Diese Mutterliebe ist bedingungslos, sie dauert auch an, wenn die Kinder versagen: eine Mutter liebt ihre Kinder, weil es ihre Kinder sind. Sie bemerkt natürlich deren Leistung, belohnt diese auch, doch im wesentlichen ist ihre Liebe von aller Leistung unabhängig. Ihre Liebe muß nicht erst verdient werden.

In der vorfindbaren elterlichen Rollenverteilung wird die väterliche Liebe sich eher auf Planung der Zukunft richten, auf die Zeit, wenn die Kinder erwachsen werden. Mütterliche Liebe hingegen ist vornehmlich auf die unmittelbaren Bedürfnisse gerichtet. Die Mutter ist auch bereiter, sich auf die Ebene des Kindes zu begeben, Dinge so auszudrücken, daß das Kind sie leichter versteht. Ähnlich zeigt Juliana auch Christus, der sich herabbeugt zu den irdischen und schwachen Menschen, der uns von Sünden reinigt und die dadurch entstandenen Wunden heilt, der unserer langsamen Entwicklung geduldig zusieht, der uns unseren Verständnismöglichkeiten entsprechend lehrt und der geduldig wartet, bis wir stärker werden – „Ich werde nun nicht mehr viel zu euch sagen" (Joh 14, 30). Unser Vater im Himmel aber „schuf uns und erhält uns in sich" (54), in ihm „haben wir unser Wesenhaftes, unsern höchsten Teil" (58), er wartet sozusagen auf uns, bis wir unser volles Menschsein erreicht haben, damit er es mit ewiger Erfüllung krönen kann. Das soll nicht heißen, daß Juliana die Liebe Gottes zum Menschen aufteilen will, denn „alles ist eine Liebe". Doch um den Reichtum dieser Liebe darzustellen, verteilt sie in gewissem Maße ihre Eigenschaften.

Eine Mutter ernährt ihr Kind nicht nur aus ihrer eigenen Substanz, sondern erzieht es dann auch und bereitet es auf das Leben vor. Auch darin gleicht der Herr einer Mutter: „All das edle Wirken und all die süßen mütterlichen Dienste sind der zweiten Person zu eigen" (54). Einmal Mensch geworden, wollte er „uns dienen in Mütterlichkeit in allen

Dingen" (60). Juliana beschreibt den mütterlichen Dienst genauer: „Der Dienst einer Mutter aber ist der nächstliegende und geschieht am bereitwilligsten und gewissesten. Er ist der nächste, weil er der natürlichste ist, der bereitwilligste, weil es aus der größten Liebe geschieht, und der gewisseste, weil auf ihn der meiste Verlaß ist" (60).

So wie Juliana immer betont, daß „er wahrhaft (d. h. im primären Sinn) unsere Mutter ist", so findet sie auch hier in der Mütterlichkeit Christi keine bloß vage Ähnlichkeit mit der menschlichen Mutterschaft: die menschliche Mutterschaft spiegelt vielmehr die Mutterschaft Christi: „Diese Aufgabe kann niemand so vollkommen tun als er allein" (60). Die irdische Mutter gebiert uns in ein Leben zum Tode, denn wir müssen alle sterben, Christus aber gebiert uns zu ewigem Leben: „Wissen wir denn nicht, daß unsere Mütter uns gebären, damit wir leiden und sterben? Aber so ist es nicht bei unserer wahren Mutter Jesu. Er allein gebiert uns zur Freude und zum ewigen Leben. Gesegnet sei er!" (60).

Indem er uns für dieses Leben ohne Ende heranbildet, ist Gott in Christus immer „wahre, wirkliche Mutter". Wenn „bei denen, die ihn lieben, Gott alles zum Guten führt" (Röm 8, 28), geschieht das durch Christi mütterliche Sorge. Mit dem gleichen Vertrauen, das Kinder in die Mutter setzen, können wir uns ihm ganz überlassen; auch wenn wir im Bemühen, unser wahres Sein in Christus zu finden, versagen: „Oftmals, wenn unsere Sündhaftigkeit und Erbärmlichkeit uns offenbart wird, fürchten wir uns sehr und schämen uns so über uns selbst, daß wir kaum wissen, wo wir uns hinwenden sollen. Aber unsere gütige Mutter will nicht, daß wir dann vor ihr fliehen; denn nichts wäre ihr verhaßter. Sondern wir sollen dann wie die Kinder tun; denn wenn ein Kind krank und geängstigt ist, läuft es schnell zur Mutter; und wenn es sonst nichts zu tun vermag, ruft es die Mutter laut um Hilfe an. Auch wir sollen so demütig sein wie das Kind und sprechen: ,Meine gütige Mutter, meine gnadenreiche Mutter, meine teure, liebe Mutter, habe Erbarmen mit mir! Ich habe mich selbst erniedrigt und dir unähnlich gemacht, und ich darf und kann es nur sühnen mit deiner Hilfe und Gnade!'" (61).

In dieser Anrufung der *gütigen,* der *gnädigen* Mutter leuchtet Julianas ganze Theologie auf. Das Wort ,kind' (gütig) hat im mittelenglischen Text noch nicht seine heutige Bedeutung: Jesus, die zweite Person der Dreieinigkeit, ist unsere Mutter ,in kind', d. h. ,dem Wesen, der Natur nach' durch die Mutterschaft im Schöpfungsakt. Unsere ,gnädige' Mutter will sagen: ,unsere Mutter der Gnade nach', d. h., die menschgewordene zweite göttliche Person ist unsere Mutter nach der Gnadenordnung, indem sie uns neu macht. Beide Aspekte seiner Mutterschaft machen ihn uns ,dearworthy', liebenswürdig, d. h., wir sind ihm Liebe und Dankbarkeit schuldig.

Das Sakrament der Sündenvergebung ist – nach Juliana – fast wie ein schamlos-schnelles Eilen in die Umarmung Christi. Er wäscht und heilt uns, wenn wir gefallen sind und uns durch unsere eigenen Missetaten befleckt und verletzt haben: „Die Gnadenflut, d. i. sein liebes, wertes Blut und kostbares Wasser, ist voll Segen, uns gar schön und rein zu machen. Die heiligen Wunden unseres Heilandes sind offen und mit Freuden bereit, uns zu heilen" (61).

Die Hände Christi sind durch seine Kirche – „unsere Mutter, die heilige Kirche, d. i. Jesus Christus selbst" – ständig mütterlich tätig: „Die süßen, freundlichen Hände unserer Mutter sind immer für uns voll Eifer tätig; denn er ist wie eine liebevolle Pflegerin, die nur für das Heil ihres Kindes zu sorgen hat" (61).

Juliana ist Realistin, sie weiß, daß der ersehnte Trost nicht immer spürbar ist, daß Gottes Wege nicht unsere

Wege sind (Jes 55, 8): „Und wenn wir uns dann nicht gleich erleichtert fühlen, sollen wir nur sicher glauben, daß er sich wie eine weise Mutter verhält; denn wenn er sieht, daß es segensreich für uns ist, wenn wir klagen und weinen, dann wartet der aus Liebe mit Erbarmen und Mitleid, bis die beste Zeit ist" (61). Eine Mutter muß manchmal die Zärtlichkeit, die sie gern zeigen würde, unterdrücken. Ähnlich mag auch Christus uns gegenüber handeln, und zwar „aus Liebe". „Ich weiß wohl, daß ich Strafe verdient habe. Unser Herr ist allmächtig und kann mich mächtig bestrafen, und er ist allgütig und liebt mich zärtlich" (77).

Unsere Haltung soll von grenzenlosem Vertrauen bestimmt sein: „ihm in Wohl und Wehe vertrauen wie Kinder der Mutter", „.. denn er will, daß wir ihn innig lieben und ihm demütig vertrauen. Das offenbarte er in diesen gnadenvollen Worten: ‚Ich beschütze dich gewißlich'" (61).

Das natürliche Vertrauen zwischen einer Mutter und ihrem Kind kann zerstört werden, wenn die Mutter versagt. Im Falle der Mutterschaft Christi ist kindliches Vertrauen immer wichtig, wird nie verraten. Er ist die personifizierte Weisheit Gottes, und diese unfehlbare menschgewordene Weisheit ist der Grund, warum Juliana das vollkommene Vertrauen so betont: „Die Mutter kann wohl dulden, daß ihr Kind manchmal fällt und mancherlei Schaden nimmt, wenn es ihm zum Segen gereicht; aber ihre Liebe kann nie zulassen, daß irgendeine Gefahr ihr Kind bedroht. Unsere irdische Mutter zwar kann ihr Kind umkommen lassen, aber unsere himmlische Mutter Jesus kann niemals zulassen, daß wir, die wir seine Kinder sind, umkommen. Denn in ihm ist alle Macht, Weisheit und Liebe. Und keiner gleicht ihm. Gesegnet sei er!" Diese Worte sind eine Paraphrase der Stelle Jes 49, 15, die im selben Zusammenhang auch vom Mönch von Farne und dem Verfasser der *Ancrene Riwle* verwendet wurde: „Vergißt wohl eine Frau das

Kind, das sie nährt; hört sie auf, den Sohn ihres Schoßes zu lieben? Und wenn sie es vergäße, ich vergesse dich nicht."

Die Mutter-Kind-Beziehung zwischen Gläubigen und Christus bildet sich und wächst in einer Atmosphäre, die auch ein gutes Familienleben bestimmt: „... denn unser gütiger (‚courteous‘) Herr will, daß wir so vertraut (‚homely‘) mit ihm sind, wie es das Herz nur erdenken oder die Seele wünschen kann" (77). Immer wieder stellt Juliana die ‚homeliness‘ der Liebe Gottes heraus, die Vertrautheit, Heimeligkeit, die aber doch stets gepaart bleibt mit der ‚courtesy‘, der ritterlich-höfischen Zärtlichkeit und Güte: „Aber laßt uns wohl darauf achten, daß wir dieses Vertrauen nicht so leichtsinnig hinnehmen; denn dann könnte Gottes Güte sich von uns wenden. Unser Herr selbst ist die höchste Geborgenheit, und so freundlich er zu uns ist, so gütig ist er auch. Wahrlich, er ist gütig!" (77). Diese beiden Eigenschaften fassen zusammen, was Juliana unter Gottesliebe versteht. Sie vermitteln den ‚Geschmack‘, den sie davon hatte. Heute bedeutet ‚courteous‘ im Alltagsverständnis kaum mehr als ‚oberflächliche Höflichkeit‘. Für Juliana war es weit mehr. Auch heute läßt sich in diesem Begriff noch die höfische, höfliche Haltung finden, die Juliana meinte und zu ihrer Zeit noch zur lebendigen Tradition höfischer Liebe gehörte. In der Verbindung mit ‚homeliness‘ (durch das deutsche ‚heimelig‘ oder ‚anheimelnd‘ recht gut wiedergegeben) wirkte es aber damals so ungewöhnlich und überraschend wie heute.[127] Beide Begriffe halten sich bei Juliana die Waage. Christus erweist uns ritterlichen Liebesdienst, ist uns gegenüber sehr ‚courteous‘, und wir sollen ihm gegenüber ebenfalls gütig sein. Nach der Definition des *Oxford English Dictionary* heißt dies: „Manieren beweisen, die eines fürstlichen Hofes würdig sind". Die ‚homeliness‘, die Vertrautheit darf nicht in plumpe Vertraulichkeit ausarten. Julianas Lehre von der Mütterlichkeit ist weder sentimental noch rührselig. „Liebe und Furcht sind Geschwister", sagt sie (74), man kann das eine nicht ohne das andere haben. Und beides wird ewig dauern. Julianas Gesinnung ist im wahrsten Sinn adelig, sie hat ein Gespür für die Ehrfurcht, wie alle wahren Mystikerinnen und Mystiker: „denn die Furcht, die wir in diesem Leben haben durch das gnädige Wirken des Heiligen Geistes, die wird im Himmel vor Gott gelindert und gar süß gemacht werden. So sollen wir in Liebe Gott traulich nahe sein. Und wir werden vor Gott in sanfter und ehrerbietiger Furcht stehen" (74).

Wenn also alle Menschen durch dieselbe göttliche Mutter zum Leben gelangen und versorgt werden, so heißt dies auch, daß jeder Mensch in Liebe den Mitgliedern der gleichen Familie begegnen soll. Denn alle sind Geschwister in Christus, und dieses Band ist stärker als jedes andere menschliche Band ... „das Kind liebt die Mutter und jeden Mitmenschen" (63). Aus diesem Motiv heraus hat Juliana immer ihre ‚Mit-Christen' im Blick. Sie sind ihr wichtig, ein dringliches Anliegen ist ihr aber auch, daß diese untereinander solidarisch sind. Diese Solidarität wird nach Juliana selbst wieder zur Quelle der Kraft und des Mutes: „Denn eine einzelne Person kann vernichtet werden; aber der ganze Leib der heiligen Kirche war nie zerstört und kann auch nie zerstört werden" (61).

Das mütterliche Wirken Christi setzt sich durch die Zeit hindurch fort, bis die Zahl der Glieder Christi, seiner Kinder, voll ist: „Dann wird die Seligkeit der Mutterschaft in Christus ... ewiglich währen, denn alle seine heiligen Kinder, die von Natur aus ihm hervorgegangen sind, werden wieder in ihn gebracht werden durch Gnade" (63). Christi Worte: „Ich dürste", gehen vom Kreuz aus durch die Zeiten, drücken sein „Sehnen, Verlangen, Wünschen" aus, „bis die letzte Seele zu seiner Seligkeit gelangt ist" (31). So Juliana. Wenn dann die Zahl seiner Kinder vollständig ist, wird die Mutterschaft Christi ihre Krone und Erfüllung erreicht haben, die „Herrlichkeit Gottes im Antlitz Jesu" wird sich im Antlitz aller Kinder widerspiegeln. Sie sind dann wieder Bild und Gleichnis der Dreieinigkeit geworden. Sie haben ihre Familienzugehörigkeit durch das Siegel der Taufe erlangt und wurden nun aus Niedrigkeit erhobener Leib, „dem Leib seiner Herrlichkeit gleich geworden".

Die Mutterschaft Christi an diesem „edlen Geschlecht" wird durch den Vater gekrönt: „Durch das gütige Geschenk seines Vaters sind wir seine Seligkeit, sein Lohn, seine Ehre und seine Krone" (22). Und dies wird geschehen, wenn alle Dinge ihre Vollendung erlangt haben, wenn der neue Himmel und die neue Erde begonnen haben, wenn „unsere gütige Mutter uns hinaufgebracht hat zu unseres Vaters Seligkeit", wenn „die Seligkeit der Mutterschaft Christi an uns sich erneuert in Gottvaters Freuden" (63).

Christi Mutterschaft wird sozusagen ewig währen. Irdische Mutterschaft, die die seine auf begrenzte, bedingte Weise widerspiegelt, spielt sich in der Zeit ab und ist den Gesetzen der Zeit unterworfen. Sie ist ein Prozeß, der nach seiner eigenen Logik notwendigerweise zu immer größerer Selbständigkeit der Kinder führt. Geschieht das nicht, hat die Mütterlichkeit ihren Zweck nicht erfüllt, ist zu einer physischen und psychologischen Monstrosität degeneriert. In und zu Christus aber kehren alle zurück, die aus ihm hervorgegangen sind: „Alle seine heiligen Kinder, die von Natur aus ihm hervorgegangen, werden wieder in ihn gebracht werden aus Gnade" und „werden ihn nie mehr verlassen".

Zur Textlage

Der diesem Buch zugrunde liegende, vielfach ausführlich zitierte Text der *Langen Version* von Julianas *Offenbarungen göttlicher Liebe* ist zwar mehrfach vom Mittelenglischen in modernes Englisch übertragen worden, es liegt zur Zeit aber nur eine einzige Übersetzung ins Deutsche vor (Juliana von Norwich, Offenbarungen der göttlichen Liebe, hrsg. v. Otto Karrer, übers. v. G. Gerlach, Paderborn: Schöningh, 1926). Diese Ausgabe ist in verschiedenen Bibliotheken durchaus noch zu finden. Leider weist sie einige Mängel auf. Es wird nicht deutlich, welche englische Ausgabe der Übersetzung zugrunde liegt, die verschiedenen Kapitel sind nicht kenntlich gemacht, es finden sich einige „sinnentstellende" Übertragungen (vgl. Charlotte Kröger, Die Mystikerin Lady Julian von Norwich. Leben und Denken einer Einsiedlerin aus dem England des 14. Jahrhunderts, unveröffentl. Diss., Hamburg 1953, S. 40). Am gravierendsten ist, daß einige Schlüsselpassagen gänzlich fehlen, so das gesamte Kap. 51 mit dem Herr-Diener-Gleichnis. Trotz aller Mängel habe ich diese veröffentlichte deutsche Fassung bei der Übertragung der Zitate benutzt, da sie für interessierte deutschsprachige Leser im Augenblick die einzige Möglichkeit darstellt, Julianas *Offenbarungen* zusammenhängend zu lesen. Die fehlenden Passagen und solche, in denen sinnentstellende Übersetzungen vorkamen, sind mit Rückbindung an die kritische Ausgabe des mittelenglischen Textes (vgl. Anmerkungen) direkt aus dem Originalmanuskript Margaret Collier-Bendelows übersetzt worden. Die innere Zitierweise folgt der Kapitelzählung des Originals.
M. S. B.

Anmerkungen

[1] *Das C. G. Jung Lesebuch*, ausgew. v. Franz Alt, Olten, 1983, (,,Religion und Psychologie: eine Antwort auf Martin Buber") S. 343. Hervorhebung von mir.

[2] Jung, Carl Gustav. *Grundwerk*, Bd. 4, Olten, 1984, S. 76, Hervorhebung von mir.

[3] Koepgen, Georg. *Die Gnosis des Christentums*, Salzburg, 1939, S. 194.

[4] Johnston, William S. J. *Christian Zen*, Dublin, 1979, S. 49–50.

[5] Schüngel-Straumann, Helen. Die Frau: (nur) Abglanz des Mannes? Vortrag vom 20. 9. 1986 in der Akademie der Diözese Rottenburg-Stuttgart.

[6] West, Angela, ,,A Faith for Feminists", in *Walking on the Water*, ed. Jo Garcia und Sara Maitland, London, 1983.

[7] Børresen, Kari, ,,Christ Notre Mère, la Théologie de Julienne de Norwich", in *Mitt. u. Forsch. der Cusanus-Gesellschaft*, 13 (1978), Mainz, S. 329.

[8] *A Book of Showings to the Anchoress Julian of Norwich*, Bd. I, ed. Edmund Colledge und James Walsh, Toronto, 1978, S. 197 f.

[9] Anna Maria Reynolds (Hrsg.), *Juliana von Norwich. Eine Offenbarung göttlicher Liebe. Kürzere Fassung der sechzehn Offenbarungen der göttlichen Liebe*, Freiburg i. Br., 1960, S. 41.

[10] Ebd., S. 43.

[11] *A Book of Showings* ..., a. a. O., S. 24.

[12] Ebd., S. 39.

[13] Ebd., S. 41.

[14] Molinari, Paul S. J. *Julian of Norwich. The Teaching of a 14th Century English Mystic*, London, 1958, S. 8–10.

[15] Knowles, David. *The English Mystical Tradition*, London, 1961, S. 128.

[16] *A Book of Showings* ..., a. a. O., S. 43.

[17] Reynolds, Anna Maria, a. a. O., S. 12.

[18] Ebd., S. 18.

[19] *The Ancrene Riwle*, London, 1955 (Salu, M. B. ed.). Meine kurze Beschreibung eines Einsiedlerinnenlebens basiert vornehmlich auf Anna Maria Reynolds Darstellung in der Einleitung zur *KV*.

[20] Reynolds, Anna Maria, a. a. O., S. 41.

[21] *Cambridge History of the Bible*, Bd. II, 1969, S. 385.

[22] Knowles, David, a. a. O., S. 135.

[23] *Cambridge History...*, a. a. O., S. 380.

[24] *A Book of Showings...*, a. a. O., S. 43.

[25] Ebd., S. 44.

[26] Ebd.

[27] Ebd., S. 45.

[28] Reynolds, Anna Maria, a. a. O., S. 43.

[29] Vgl. das Kapitel zu Margery Kempe bei Knowles, a. a. O., auf das sich dieser Bericht hauptsächlich stützt.

[30] Hudleston, Roger. *Revelation of Divine Love*, London, 1952, 2. Aufl., S. XXVII ff. Hervorhebung von mir.

[31] Ebd.

[32] Ebd.

[33] Molinari, Paul, a. a. O., S. 32. Hier findet sich eine genaue Studie zu diesem Sachverhalt. Verwiesen sei auch auf S. 21–31 dieser Studie, wo sich Molinari mit Julianas Krankheitsbild auseinandersetzt, um herauszufinden, wie es mit Ursprung und Art der Visionen zusammenhängen mag.

[34] Um es in der Sprache der Scholastik auszudrücken: alle in den Geschöpfen zu findenden Stufen der Güte sind Teilhabe verschiedenen Grades an der Güte Gottes, in dem diese Güte in ungeschaffener Vollkommenheit existiert. Vgl. S.T.q.6 ad 4.

[35] White, Victor *Soul and Psyche*, London, 1960, S. 296.

[36] *Confessiones* IV, 15, iii, 7 (zitiert nach der lat.-dt. Ausgabe, übers. u. eingel. v. Joseph Bernhart, München, 1955).

[37] Vgl. dazu White, Victor, a. a. O., Kap. 9.

[38] Victor White beschäftigt sich ausführlich mit dieser Frage und meint: „... die seelischen Ängste vor dem Bösen und Reaktionen darauf sind definitive psychologische Wirklichkeit, mit der sich die Psychologen vor allem auseinanderzusetzen haben. Die Dunkelheit mag in der Tat ein Mangel an, eine Abwesenheit von Licht sein, doch die Angst eines Kindes vor dem Dunkel ist etwas sehr Reales und Greifbares." A. a. O., S. 156.

[39] Mulack, Christa. *Die Weiblichkeit Gottes*, Stuttgart, 1983, S. 183.

[40] Magnifikatantiphon der Ersten Vesper von Mariä Lichtmeß.

[41] Vgl. Lyonnet, Stanislao. „La Redenzione del Universo", in: *Il Fuoco*, Anno settimo, no. secondo (1959). Lyonnet zitiert Ambrosius, *De fide resurrectionis*, 2. noct., 5. Sonntag nach Ostern. Vgl. auch Colledge u. Walsh, S. 368.

[42] Meister Eckhart. *Deutsche Predigten und Traktate,* hrsg. u. übers. v. Josef Quint, München, 1955. Predigt 36, S. 327.

[43] Hudleston, Roger. *Revelations of Divine Love,* London, 1952, 2. Aufl., S. 81.

[44] Zu dieser Art Vision äußert sich Paul Molinari: „In diesen beiden Gesichtern wird das geschaute Objekt, obgleich es etwas darstellt, das in sich sinnlich wahrnehmbar ist, nicht einfach ‚körperlich‘, sondern ‚geistlich‘, ‚spirituell‘ gesehen: *geistige* Schau in körperlicher Gestalt. ... Diese Vision wird von einer zweiten begleitet, die *„geistlicher"* ist, der jede ‚körperliche Ähnlichkeit‘ abgeht. Diese ‚geistlichere‘ Schau erfolgt nun nicht ganz plötzlich, sondern wird als allmähliche Erleuchtung des Geistes dargestellt. Wir werden aber noch sehen, daß für Juliana ‚allmähliches Verstehen‘ nicht gleichbedeutend ist mit ihren eigenen Reflexionen und Gedankengängen – wenngleich diese auch eine Rolle spielen –, sondern eher Offenbarungen und Visionen sind, die von Gott selbst eingegeben werden (der Verstand wird dahin gelenkt, den spirituellen Gehalt hinter einem geschauten Objekt in ‚körperlicher Schau‘ zu erblicken und zu verstehen) ...", a.a.O., S. 42–43. Dazu auf S. 47: „Wir sollen die beiden Visionen als in enger Verbindung stehend begreifen, die ‚geistlicher‘ entwickelt und erklärt, was in der ‚körperlichen Schau‘ erblickt wurde. Juliana sagt nicht, daß das ‚geistlichere Element‘ plötzlich aufleuchtet, es fand wohl eher ein allmählicher Übergang statt ..." Vgl. auch Molinaris Anhang, S. 65–67, wo dieser ‚Zwischentypus‘ mit dem traditionellen Schema der mystischen Theologie verglichen wird.

[45] Juliana benutzt natürlich die trinitarische Terminologie, die sich im Verlauf der christlichen Geschichte entwickelt und durchgesetzt hatte. Auf der Basis der ursprünglich knappen Glaubensaussage über das Verhältnis von Vater, Sohn und Heiligem Geist im Neuen Testament versuchten die griechischen Kirchenväter des 4. Jahrhunderts das Geheimnis Christi, des wahren Gottes und wahren Menschen in der Sprache der griechischen Philosophie auszudrücken: Gott ist ‚dreifaltig‘ in den Personen („Hypostasen", „Subsistenzen", „Prosopa"), einfaltig jedoch in der ‚Natur‘ („Physis", „Usia", „Wesen", „Substanz"). Die Trinitätsspekulation wurde in der Folge immer ausgefeilter und übertriebener, wurde „beinahe so etwas wie eine höhere trinitarische Mathematik" (Hans Küng), deren Terminologie heute nicht mehr verstanden oder weitgehend mißverstanden wird. Die Theologie setzt heutzutage wieder beim Neuen Testament an, um die Einheit von Vater, Sohn und Geist als „Wirk- und Offenbarungseinheit", in der Vater, Sohn und Geist „drei sehr verschiedene Größen sind", darzustellen. „Vom Neuen Testament her gesehen ist die *klassische Trinitäts-*

lehre ebenso wie die klassische Zwei-Naturen-Lehre *weder gedankenlos zu wiederholen noch gedankenlos abzutun, sondern differenziert für die Gegenwart zu interpretieren*". Der Abschnitt in Küngs *Christ sein,* aus dem obige Zitate und Gedanken entnommen sind, enthält eine klare und treffende Zusammenfassung der Entwicklung der Trinitätslehre.

Es mag von beiläufigem Interesse sein, daß das *Dreifaltigkeitsfest* erst 1334, also kurz nach Julianas Geburt, durch Papst Johannes XXII. eingeführt wurde als das erste Fest, das, laut Küng, nicht ein Heilsereignis, sondern ein Dogma feierte (vgl. Hans Küng, *Christ sein,* München 1976, S. 579.581).

[46] Vgl. S. Th. III, q.9, a.2. Auch verschiedene Abschnitte in Pius' XII. Enzyklika *Mystici Corporis,* Juli 1943, AAS, vol. 35, S. 193–248, sectio 75.

[47] Meister Eckhart, a. a. O., *Reden der Unterweisung* 20, S. 85.

[48] Dies ist die traditionelle Vorstellung von der ‚Erbsünde', die von ‚dem einen Adam' begangen wurde. Sie wurde von Pius XII. in *Humani Generis* bestätigt („von einem Paar abstammend"). Wir verdanken diesen Gedanken von der Übermittlung durch Fortpflanzung Augustinus. Hier liegt ein weiteres Gebiet, in dem Theologen heutzutage nach befriedigenderen Erklärungen suchen. Die Meinung darüber, in welchem Ausmaß die menschliche Natur durch die ‚Ursünde' ‚verwundet' wurde, ist geteilt. Manche sprechen von einer das Innere betreffender Beschädigung, andere von ‚äußerlicher', einige glauben, daß überhaupt nichts dergleichen vorliegt.

[49] Tagesgebet vom 6. Sonntag nach Erscheinung des Herrn (Tridentiner Missale Romanum).

[50] Thorold, Algar. *The Dialogue of the Seraphic Virgin, Catherine of Siena,* Westminster, Maryland, 1959, S. 48–49, S. 60.

[51] Dieses Kapitel sowie das folgende demonstrieren Julianas psychologisches Feingefühl und ihre Begabung für geistliche Führung. In unserem kurzen Überblick kann diesem Punkt nicht die gebührende Aufmerksamkeit geschenkt werden.

[52] Vgl. z. B. Kap. 79: „Wenn uns zum Beispiel etwas dazu verführen will, leichtsinniger zu leben und weniger auf unser Herz zu achten, weil wir ja seine reiche Liebe kennen, dann müssen wir uns sehr vor einer solchen Regung hüten."

[53] Walker Bynum, Caroline. *Jesus as Mother. Studies in the Spirituality of the High Middle Ages,* Berkeley, 1982, S. 136.

[54] A Book of Showings ..., a. a. O., S. 151.

[55] *Ad eos qui scandalizati sunt ob adversitates,* (Liber Unus, cap. 6) PG 52, 488–489.

[56] Hieronymus, *In Isaiam*, Lib 18 in cap. 66, v.13. PL 24, 687.

[57] Ebd., Lib. 13, in cap. 46, v. 3, PL 24, 468.

[58] *Zweite Predigt über das Canticum.*

[59] Walker Bynum, Caroline, a. a. O., S. 144, Anm. 121.

[60] *Contra Gentes*, Lib. IV, c. 11.

[61] Cabassut, André, Une dévotion médiévale peu connue: la dévotion à Jesus notre mère, in: *Revue d'ascetique et de mystique* 99–100 (1949), S. 234–245.

[62] Reynolds, Anna Maria, Some Literary Influences in the „Revelations of Divine Love", in: *Leeds Studies in English and Kindred Languages* 7–8 (1952), S. 24.

[63] *The Ancrene Riwle*, a. a. O., S. 162.

[64] Hilton, Walter. *The Goad of Love*. ed. from MSS by Clare Kirchberger, London, 1952, S. 175. Hiltons Ergänzungen des lateinischen Originals werden durch einfache Anführungszeichen im Text deutlich gemacht.

[65] Ebd., S. 191.

[66] Ebd., S. 141.

[67] Ebd., S. 168.

[68] Ebd., S. 68.

[61] Ebd., S. 145.

[70] Ebd., S. 176.

[71] *Monk of Farne. Meditations of a 14th Century Monk*, ed. and introd. by Dom Hugh Farmer OSB, transl. by a Benedictine of Stanbrook, London, 1961, S. 40.

[72] Ebd.

[73] Raimund von Capua, *Life of St. Catherine of Siena*. Transl. into English by George Lamb, London, 1960, S. 173. Die Versuchung ist groß, Überlegungen anzustellen, ob Juliana von dieser anderen Visionärin gehört haben mag. Wir wissen, daß der Verfasser des *Goad*, Walter Hilton, das *De emedatione vitae* des Wilhelm von Flete, eines Engländers, der ein glühender Jünger der Katharina von Siena war, benutzte.

[74] *Odes of Salomon*. in *Naissance des Lettres Chrétiennes*, ed. Hamman, Paris, 1957.

[75] Origenes, *Commentary on the Canticle*. Dieses Zitat wurde der englischen Übersetzung v. R. P. Lawson in der Reihe *Ancient Christian Writers*, London, 1957 entnommen.

[76] Bernhard von Clairvaux, Brief 1, PL 182, zitiert in Caroline Walker Bynum, a. a. O., S. 117.

[77] Zitiert in Caroline Walker Bynum, a. a. O., S. 119, Anm. 23.

[78] *Ancrene Riwle*, S. 162.

[79] *Monk of Farne*, a. a. O., S. 41.

[80] *The Ancrene Riwle*, a. a. O., S. 175.

[81] Hilton, Walter. *The Goad of Love*, a. a. O., S. 51

[82] *Revelationes Gertrudianae et Mechthildianae*, hrsg. von den Schwestern von Solesmes, Paris 1877, Bd. II, *Sanctae Mechthildis Liber specialis gratiae*, p. 2, c. 16, S. 150.

[83] Ebd., p. 4, c. 50, S. 304.

[84] *Oeuvres de Marguérite d'Ogynt*, Lyons, 1877. Zitiert nach André Cabassut, a. a. O., S. 234–245.

[85] Ebd.

[86] Ebd.

[87] Ebd.

[88] *In libero Isaiae* c. 49, 15. Zitiert nach Mary Albert, „The Motherhood of God", *Life of the Spirit* 7 (1952).

[89] Zitiert nach André Cabassut, S. 243.

[90] Sayers, Dorothy. Einleitung zu ihrer engl. Übersetzung von Dantes *Purgatorio*, London 1955, S. 36.

[91] *Paid. Lib.* I, PG 8, S. 299 ff.

[92] Reynolds, Anna Maria, Some Literary Influences ..., a. a. O., S. 27, Anm. 6.

[93] Pepler, Conrad. *The English Religious Heritage*, London 1958, S. 336. Teil V dieses Werkes ist Juliana gewidmet.

[94] Reynolds, Anna Maria, *Some Literary Influences* ..., a. a. O., S. 27.

[95] Ich bin Professor Knowles für seine Ausführungen zu diesem Punkt zu Dank verpflichtet.

[96] Sermon VIII, Feast of the Seven Brethren, from *Meister Eckhart*, vol. II, transl. by C. de B. Evans, London, 1931, S. 107. Diese Predigt fehlt in der deutschen kritischen Gesamtausgabe Meister Eckharts.

[97] Meister Eckhart, *Deutsche Predigten und Traktate*, a. a. O., Pred. 29, S. 293.

[98] Ebd., Pred. 19, S. 237.

[99] Ebd., Pred. 3, S. 166.

[100] Walsh, James, *The Revelations of Divine Love*, London, 1961, S. 38.

[101] Meister Eckhart, Deutsche Predigten und Traktate, a. a. O., Pred. 49, S. 383.

[102] Ebd.

[103] Ebd., Pred. 21, S. 249.

[104] Cabassut, André, a. a. O., S. 239.

[105] Ebd.

[106] Anselm von Canterbury, Oratio 65.

[107] Ebd.

[108] Walker Bynum, Caroline, a. a. O., S. 130.

[109] Vgl. Ranke-Heinemann, Uta. Maria und die zölibatären Männer, in: *Die Zeit*, 31, 24. Juli 1987. Sie erwähnt in diesem Zusammenhang besonders den Mariologen Alois Müller.

[110] Dies stimmt ganz mit *Bernhards 23. Predigt* über das Hohelied überein, auf die Hudleston, mit Verweis auf H. Collins, in den Anmerkungen zu seiner Juliana-Ausgabe unsere Aufmerksamkeit lenkt: Mit Bezug auf die Bibelstellen ‚Selig, wem der Herr seine Schuld nicht anrechnet' (Ps 32,2) und ‚Wer wollte gegen die Auserwählten Gottes Klage erheben' (Röm 8,33) und ‚Jeder, der aus Gott gezeugt ist, tut keine Sünde, weil Gottes Same in ihm bleibt' (1 Joh 3,9) schreibt Bernhard: „Die himmlische Zeugung ist ewige Prädestination, durch die Gott seine Auserwählten geliebt hat und in seinem geliebten Sohn annehmbar gemacht hat vor aller Schöpfung, so daß sie in sein Heiligtum können und vor ihn treten, um seine Macht und Herrlichkeit zu schauen, und Teilhaber werden an seinem Erbe und seinem Bild gleich werden. Denn obwohl sie in gewisser Weise wie Gefallenen erscheinen, sind sie es in Ewigkeit doch nicht, denn die Liebe des Vaters bedeckt alle ihre Sünden."

[111] Juliana macht hier Gebrauch vom in der scholastischen Theologie gebräuchlichen ‚Werkzeug' der *Appropriation*, wodurch wesentliche Attribute und Wirkweisen, die dem einen Gott gemein sind, vollkommener zutage treten. Eines der scholastischen Prinzipien ist, daß in der Dreifaltigkeit alles eins ist, außer dem, was im Gegensatz zur Relation der göttlichen Personen untereinander steht: z. B. ist der Vater der Vater und nicht der Sohn, der Sohn ist Sohn und nicht Vater oder Geist usw.

[112] Es ist offensichtlich, daß Juliana in diesen triadischen Formeln, die Weisheit in einem ganz besonderen, eigenartigen Sinn Christus zuordnet. Er ist nicht nur ‚weise', sondern die personifizierte Weisheit. Vgl. Kap. 11: „Und ich erkannte in Wahrheit, daß nichts durch Zufall oder von ungefähr geschieht, sondern alles durch Gottes Weisheit, von der ich zuvor gesprochen habe". Hier scheint sie Weisheit ganz einfach als eine Eigenschaft Gottes zu betrachten.

[113] Nach dem scholastischen Gedankensystem ist die vollkommene Widerspiegelung des Vaters in der zweiten Person gemäß dem ersten immanenten Wirken des geistigen Seins, d. h. gemäß der *intellectio*. Christus ist demnach das Wort, das *verbum mentale* des Vaters, und da Gottes immanentes Wirken nie akzident, sondern stets subsistent ist (in Gott gibt es keine Potentialität und daher auch keine Akzidenz), ist auch dieser göttliche Akt der Selbst-Erkenntnis selbst subsistent, eine Person. In dieser lebenden Äußerung drückt Gott sich selbst ganz und vollkommen, identisch mit seiner Natur aus. Weil nun dieser

Akt der Selbstäußerung total ist, schließt, birgt die daraus resultierende subsistente Kenntnis oder Weisheit alle Geschöpfe; sie sind *in Ipso:* „Das Vorwort *in* schließlich macht eigentlich das Verhältnis eines *in sich (etwas) Enthaltendes* deutlich. Gott *enthält* aber etwas in doppelter Weise. Einmal nach Seinen Ähnlichkeiten; so heißt es von den Dingen, sie seien *in* Gott, insofern sie in Seinem Wissen sind. Und so wäre das *in Ihm* dem Sohne zueigen (S.T.I.,q.39,a.8) Actio folgt der Erkenntnis, und so erfolgt der Schöpfungsakt in der Einheit des Willens durch die subsistente Weisheit, die Zweite Person, *per Ipso.*

[114] Mulack, Christa, a. a. O., S. 206; Felix Christ, *Christus Sophia,* Zürich, 1980.

[115] Fischer, Balthasar, Jesus unsere Mutter, in: *Geist und Leben* 58.2 (1985), S. 147–156.

[116] Einleitung zu den Weisheitsbüchern in der *Jerusalemer Bibel.*

[117] Ebd.

[118] Ebd.

[119] Für eine ausführliche Anhandlung zu diesem Thema s. Lebreton, Jules. *Histoires du Dogme de la Trinité,* I.2, c.1, iii. Weisheit, S. 90–98 der englischen Ausgabe.

[120] Augustinus, *In Johannem Tract.,* 108, n. 6. Auch: *Quaest Evang.* Lib. 1, Quaest. 36.

[121] Augustinus, *De Trin.,* XII, 5.

[122] Albert, Mary, a. a. O. erinnert in diesem Zusammenhang an Coventry Patmores Formulierung „Das Weib birgt die endgültige Ruhe aller Dinge".

[123] Der Bischof von Oxford, Richard Harries, hat sich zu diesem Aspekt von Julianas Lehre in einem sehr erhellenden Beitrag geäußert: „On the Brink of Universalism" in: *Julian, Woman of our Day.* ed. Robert Llewelyn, London, 1985.

[124] Gerl, Hanna-Barbara. „Gott: sogar mehr Mutter als Vater?" in: *Rheinischer Merkur. Christ und Welt,* 21, 17. Mai 1986. Die Verfasserin lenkt die Aufmerksamkeit auch auf die sprachliche Verwandtschaft zwischen den deutschen Wörtern ,gebären' und ,Erbarmen'.

[125] Johannes Chrysostomos, Homel. 60 ad Antioch.

[126] Irenäus, Adv. Haer. (111.24.1).

[127] Vgl. Datsko Barker, Paula S. „The Motherhood of God in Julian of Norwich's Theology" in: *Downside Review,* 100 (1982), S. 295–296.

Neu in der Reihe *frauenforum*

Maria – für alle Frauen oder über allen Frauen?
Herausgegeben von Elisabeth Gössmann und Dieter R. Bauer

ca. 192 Seiten, Paperback. ISBN 3-451-21348-6

Frederic Raurell

Der Mythos vom männlichen Gott

ca. 256 Seiten, gebunden. ISBN 3-451-21136-X

Wolfgang Beinert

Unsere liebe Frau und die Frauen

208 Seiten, Paperback. ISBN 3-451-21461-X

Frauenlexikon

Herausgegeben von Anneliese Lissner, Rita Süssmuth
und Karin Walter
Traditionen – Fakten – Perspektiven

632 Seiten, gebunden. ISBN 3-451-20977-2

Pierre Teilhard de Chardin

Briefe an Frauen
Herausgegeben von Günther Schiwy

168 Seiten, gebunden. ISBN 3-451-20933-0

Zwischen Ohnmacht und Befreiung
Biblische Frauengestalten
Herausgegeben von Karin Walter

200 Seiten, Paperback. ISBN 3-451-21031-2

Verlag Herder Freiburg · Basel · Wien